Todos los libros de Linkgua Ediciones cuentan con modelos de Inteligencia Artificial entrenados por hispanistas. Pregúntale al chat de tu libro lo que desees acerca de la obra o su autor/a.

Para ebooks: Accede a nuestro modelo de IA a través de este enlace.

Para libros impresos: Escanea el código QR de la portada con tu dispositivo móvil.

Obtén análisis detallados de nuestros libros, resúmenes, respuestas a tus preguntas y accede a nuestras ediciones críticas generativas para una experiencia de lectura más enriquecedora.
La transparencia y el respeto hacia la autoría de las fuentes utilizadas son distintivos básicos de nuestro proyecto. Por ello, las respuestas ofrecen, mediante un sistema de citas, las fuentes con las que han sido elaboradas.

Emiliano Zapata

Decretos

Barcelona 2024
Linkgua-ediciones.com

Créditos

Título original: Decretos

e-mail: info@linkgua.com

Diseño de cubierta: Michel Mallard.

ISBN rústica ilustrada: 978-84-1126-811-0.
ISBN tapa dura: 978-84-1126-812-7.
ISBN ebook: 978-84-9897-177-4.

Sumario

Brevísima presentación

La vida

Emiliano Zapata Salazar (1879-1919). México.

Fue uno de los líderes principales de la Revolución Mexicana. Nació en San Miguel Anenecuilco, distrito de Ayala, en el estado de Morelos el 8 de agosto de 1879.

En septiembre de 1909 fue electo presidente de la junta de defensa de las tierras de Anenecuilco. Y en mayo de 1910 recuperó por la fuerza las tierras de Villa de Ayala, que eran protegidas por el jefe de la policía y las entregó a los campesinos de la zona. Algunos meses después participó en la reunión que se celebró allí para discutir el Plan de San Luis.

A finales de 1910 un enviado suyo fue a Estados Unidos para entrevistarse con Francisco I. Madero. Tras este encuentro Zapata decidió tomar las armas el 10 de marzo de 1911, proclamando el Plan de San Luis. Por entonces combatió en Chinameca, Jojutla, Jonacatepec, Tlayecac y Tlaquiltenango.

En 1911 Zapata se convirtió en el líder revolucionario del sur. Reivindicaba una reforma agraria radical. Con el asesinato de Francisco I. Madero y el ascenso en el poder de Victoriano Huerta, la lucha armada se recrudeció y Zapata introdujo importantes reformas en Morelos.

En 1914 la Convención de Aguascalientes adoptó el Plan de Ayala y eligió como presidente provisional a Eulalio Gutiérrez. Los grupos dirigidos por Francisco Villa y Zapata aceptaron los resultados de la Convención, no el encabezado por el general Carranza, lo que provocó la continuación de la guerra civil.

En 1919 Jesús Guajardo le hizo creer a Zapata que estaba descontento con Carranza y que estaría dispuesto a unirse a él. Zapata le pidió pruebas y Guajardo se las dio. Acordaron reunirse en la Hacienda de Chinameca, Morelos, el 10 de abril, Zapata fue asesinado en una encerrona.

Decretos

Instrucciones a los jefes y oficiales

Instrucciones a que deberán sujetarse los jefes y oficiales del Ejército libertador del sur y centro:

Primera. Operarán de acuerdo con las órdenes que reciban de este Cuartel General o de las que reciban del jefe de la zona que se designare.

Segunda. Los que operen en regiones muy lejanas del Cuartel General o del cuartel del jefe de la zona, haciéndose muy difícil y dilatada la comunicación de los mismos, deberán efectuar sus trabajos militares, de batir constantemente al enemigo, de acuerdo con su iniciativa propia, teniendo cuidado de procurar el adelanto de la revolución en los lugares donde militen.

Tercera. Deberán rendir, cada quince días, al jefe de la zona, parte de los combates que hayan librado con el enemigo, y a falta de ése, al Cuartel General darán cuenta de sus trabajos.

Cuarta. Procurarán guardar a todo trance el buen orden de la tropa, especialmente cuando entren a las poblaciones, dando toda clase de garantías a las vidas e intereses de los habitantes, moralizando a los soldados todo cuanto más sea posible.

Quinta. Para pagar los haberes de los soldados, o mejor dicho, para socorrer a la tropa hasta donde sea posible, deberán imponer contribuciones de guerra a las negociaciones o propietarios que se hallen en la zona en donde operen, siempre que ellos cuenten con capitales de importancia, teniendo cuidado de que a los enemigos de la revolución se les asigne un impuesto más alto que el correspondiente a los aliados o adictos a la causa revolucionaria.

Sexta. Los fondos que se recauden en la forma expresada en el precepto anterior, se emplearán estrictamente para auxiliar a la tropa.

Séptima. Para alimentos de la tropa y pasturas para la caballada de la misma, deberán dirigirse a la autoridad municipal del lugar de que se trate, la que distribuirá a los revolucionarios entre las familias, haciendo también la recolección de las pasturas entre todos los vecinos, exigiendo siempre mayor cantidad a los enemigos de la revolución.

Octava. Únicamente los generales y coroneles irán a las autoridades de las plazas que caigan en poder de la revolución, de acuerdo con la voluntad del pueblo y con lo dispuesto en el Plan de Ayala, en su parte relativa.

Novena. Los pueblos en general deben tomar posesión de sus terrenos siempre que tengan sus correspondientes títulos de propiedad, tal y como lo previene el artículo sexto del Plan de Ayala; y los jefes, así como los oficiales, prestarán a dichos pueblos su apoyo moral y material a fin de que se cumpla con lo dispuesto en el mencionado Plan de Ayala, siempre y cuando los mismos pueblos soliciten tal ayuda.

Décima. Absolutamente nadie podrá celebrar entrevistas o tratados con el mal gobierno ilegal o con sus representantes, sin la previa autorización de este Cuartel General.

Reforma, Libertad, Justicia y Ley.
Campamento revolucionario en Morelos.
Julio 28 de 1913.
El General en jefe del ejército libertador del sur y centro,

Orden general al Ejército libertador

El General Emiliano Zapata, Jefe de la revolución del sur y centro de la República, hace saber a las fuerzas de su mando:

Primero. Todos los jefes que tengan bajo su mando fuerza armada, procurarán darle la mejor organización posible, a fin de que tengan buenos resultados en las operaciones militares y movilicen su tropa con más exactitud y rapidez. Por cuatro soldados nombrarán un cabo, por cada dos cabos nombrarán un sargento, quedando al arbitrio del Jefe Superior designar el número de sargentos a cada capitán y demás jefes de subordinación, para mantener el buen orden y la disciplina.

Segundo. Todos los soldados prestarán la debida subordinación y respeto a los jefes superiores que les sean designados; asimismo, tendrán iguales atenciones para los demás jefes y superiores de las diversas compañías que forman el ejército libertador. Todo soldado o soldados, bajo ningún pretexto desobedecerán las órdenes aún cuando no militen bajo su mando. Cualquier falta de obediencia o de respeto a un jefe será debidamente castigada.

Tercero. Todos los soldados en general tienen la obligación, tanto en los combates como en las marchas que se originen, de permanecer al lado de los jefes a que están subordinados, pues de ninguna manera deben mezclarse con otra gente o compañía, porque serán causantes de desórdenes y confusión, siendo responsables de este acto.

Cuarto. Todo soldado que se aparte de sus jefes, sin motivo legal; que los abandone en el campo de batalla, que al ejecutar marcha vuelva atrás, sin causa justificada, con el fin de no concurrir al ataque donde se dirijan las fuerzas, será considerado como desertor y como tal irremisiblemente desarmado.

Quinto. Todo soldado o soldados que abandonen la compañía a que correspondan para ir al desempeño de una comisión o mandato de cualquier naturaleza que sea, debe constar por escrito; pues de otra manera quedarán sujetos a las penas que se aplican a los desertores.

Sexto. Toda clase de tropa, compañías, guerrillas o cuerpos de gente armada, que se han puesto bajo la sombra de la bandera revolucionaria, deben otorgar completas garantías a las personas y propiedades; pues bajo ningún pretexto ni causa personal, deben cometerse atentados contra las vidas y propiedades. La revolución no tolerará, sino que, por el contrario, castigará a los culpables de la manera más severa, para dejar satisfecha a la justicia y a la sociedad.

Séptimo. Solamente a los enemigos de la revolución que se compruebe que ayudan o están en connivencia con el mal gobierno ilegal, directa o indirectamente, para hostilizar nuestra obra revolucionaria, se le suspenderán las garantías constitucionales. Igual pena tendrán todos aquellos que, en calidad de voluntarios, tomen las armas en favor del mal gobierno ilegal de Huerta.

Octavo. Todos los voluntarios que se han puesto al servicio del mal gobierno ilegal de Huerta, por el solo hecho de que al avistarse las fuerzas revolucionarias se pongan al lado de ellas, tendrán derecho a la protección y garantías de que se trata.

Noveno. Cuando se ponga sitio a una población o se efectúe el ataque a una ciudad, o cualquier poblado de la importancia que fuere, queda absolutamente prohibido que la gente se dedique al saqueo, al robo o a otra clase de depredaciones; quedando bajo la más estrecha responsabilidad de los jefes de operaciones vigilar y evitar a todo trance los desmanes de referencia, castigando enérgicamente a los infractores y reprimiendo esos actos contrarios a nuestro credo y a la causa que defendemos. Los habitantes de las poblaciones que sin pertenecer al Ejército libertador, se entreguen al pillaje o cometan depredaciones, aprovechándose del fragor del combate o ataque que se haga a los defensores del mal gobierno, serán igualmente castigados por los jefes revolucionarios que tengan fuerzas a su mando en el lugar de los acontecimientos.

Décimo. Los soldados de la revolución, lo mismo que la gente pacífica que salgan de dentro de la población estando en vigor el ataque, con mercancía u otros objetos, serán aprehendidos inmediatamente para ser juzgados, y comprobados los delitos serán castigados con severidad.

Décimo primero. Cuando una plaza, ciudad o población sea tomada por las fuerzas revolucionarias, el Cuartel General, de acuerdo con los demás jefes y adictos a la causa de cada población o lugar de que se trate, ocupado por las fuerzas libertadoras, nombrará de entre los revolucionarios una comisión que se encargue de recolectar entre los principales comerciantes y capitalistas de la localidad, la contribución de guerra que en efectivo o mercancías de antemano impusiere el Cuartel General, y la misma comisión se encargará de distribuir entre los jefes, oficiales y soldados, bien sea en dinero o en mercancías, lo que cada quien necesite, de una manera equitativa, satisfaciendo hasta donde sea posible las necesidades de cada cual, según las circunstancias lo demanden.

Décimo segundo. De los saqueos y depredaciones que se cometan en las poblaciones al ser atacadas, cada jefe revolucionario responderá de la zona en que ha operado y todo soldado o jefe subalterno tiene el deber de denunciar en el acto a todo culpable o culpables de depredaciones, a fin de evitar la mancha que se arroja sobre la revolución y sus principios.

Décimo tercero. Hago presente a los jefes revolucionarios que están bajo mi mando, que redoblen sus esfuerzos a fin de que a todo trance, cuiden de que no se emborrachen en calles y plazas públicas los revolucionarios que estén bajo sus órdenes, con el noble propósito de infundir en las fuerzas el mayor orden y disciplina posibles; que comprendan que la constante práctica de orden y de justicia nos hará fuertes; que nuestra bandera es de salvación en favor de los pueblos, no de exterminio, que la revolución y la patria estimarán a sus buenos hijos que hagan de nuestro credo la sentencia de la equidad y la justicia, de nuestros esfuerzos la tumba de los tiranos y del triunfo de nuestros ideales la prosperidad y bienestar de la República.

Dado en el Cuartel General en Tlacozoltitlán, Estado de Guerrero, a los cuatro días del mes de octubre de mil novecientos trece.

El General en jefe del Ejército libertador del sur y centro,

Orden general sobre la alimentación de tropas

El General Emiliano Zapata, Jefe de la revolución del sur y centro de la República, hace saber a las fuerzas de su mando y a los habitantes que radican en los pueblos y cuadrillas que corresponden a diversas zonas militares revolucionarias:

Primero. Queda estrictamente prohibido sacrificar ganado de la gente pobre o de los adictos a la causa que se defiende, y los contraventores de esta disposición incurrirán en grave delito haciéndose acreedores a una pena, salvo en los casos que se fijan a continuación.

Segundo. Para la alimentación de las tropas libertadoras se hará uso del ganado que corresponde a la revolución y que perteneció a los hacendados del Estado de Morelos y en general, a los enemigos de la causa que se defiende; pero solo las fuerzas organizadas al mando de sus jefes respectivos, podrán sacrificar reses y de ninguna manera pueden hacerlo partidas de dos, tres, cinco u ocho revolucionarios dispersos que sin causa justificada se hallen fuera de sus jefes a quienes correspondan.

Tercero. Cuando una fuerza revolucionaria se halle en un punto donde no se encuentre ganado de la revolución, y que carezca de otros víveres, podrá disponer de reses pertenecientes a los adictos a la causa; pero siempre teniendo en cuenta que sean de personas que no se perjudiquen mucho, incurriendo en grave falta aquellos que no acaten esta disposición superior y quienes serán castigados irremisiblemente con severidad.

Cuarto. Los que no correspondan al ejército revolucionario y que por razón de la pobreza en que se encuentran, con motivo de las depredaciones que en sus intereses cometió el mal gobierno ilegal de Huerta, por medio de sus defensores traidores, y necesiten hacer uso del ganado, sacrificando reses para su subsistencia, podrán hacerlo, ya sea que pertenezcan a la revolución o a personas adictas a la causa; pero siempre que el ganado de los adictos a la revolución, cuando tenga que hacerse uso de éste, corresponda a personas que tengan más cantidad de reses y que no se perjudiquen mucho, para lo cual se dirigirán a la autoridad del lugar de que se trate o al jefe revolucionario más inmediato, a fin de que él nombre de entre los vecinos del lugar una comisión que se encargue de llevar a sacrificar las reses necesarias, y de repartir la carne entre la gente más necesitada del lugar; incurriendo en una grave falta aquellos que no obedezcan esta orden superior y quienes serán castigados con toda severidad.

Quinto. En todos los casos se cuidará de no sacrificar vacas paridas o bueyes, salvo cuando por no haber suficiente ganado, tenga que disponerse del que se encuentre; y serán castigados severamente los infractores de esta disposición.

Sexto. Queda estrictamente prohibido herrar ganado ya sea que pertenezca a la revolución, o bien que corresponda a otras personas y que resulte ser ganado ajeno; siendo castigados severamente aquellos que no respeten esta orden.

Por tanto, mando se imprima, publique, circule y dé el debido cumplimiento.

Dado en el Cuartel General del Estado de Morelos, a los veintiocho días del mes de octubre de 1913.

El General en Jefe del Ejército libertador del sur y centro,

Decreto de amnistía a las tropas federales

El General Emiliano Zapata, Jefe supremo del Ejército libertador, a los habitantes de la República hace saber:

Considerando: que si bien el triunfo de la revolución está totalmente asegurado, falta vencer el último obstáculo, o sea, la resistencia que el enemigo opone, para que las fuerzas revolucionarias tomen posesión de la capital de la República, y con ello se dé cima a la obra militar, para en seguida acometer las altas labores de reforma social, que son la aspiración del movimiento armado.

Considerando: que el principal factor de resistencia en la ciudad de México no es la fuerza intrínseca del gobierno (que es nula), sino el instinto de conservación de los miembros del Ejército Federal y especialmente de sus jefes y oficiales, que se ven amenazados de muerte por la revolución; que de emplearse en conducir las cosas hasta el último extremo se tendría que llegar forzosamente al bombardeo de la capital, lo que ocasionaría las más serias complicaciones internacionales, fuera de los incalculables perjuicios que resentirían las personas y los intereses allí acumulados; que ante lo crítico de la situación es fuerza adoptar una medida de serena política que sin llegar a transacciones que comprometan la suerte futura de la revolución permitan evitar la realización de aquellas fatales emergencias.

Considerando: que aunque es cierto que en la conciencia pública está que son culpables todos los militares que han servido a la dictadura, también lo es que dicha responsabilidad reviste caracteres y grados bien diversos: desde aquel en que la falta se reduce a haber militado en las filas del gobierno ilegal hasta aquel otro en que los delitos cometidos constituyen verdaderos crímenes del orden común, o abominables atentados contra la civilización y la humanidad.

Considerando: que es de sana política poner fin a la lucha entre hermanos, con una formal invitación que se haga a los militares menos culpables para que, desde luego depongan las armas, y de ese modo, por un acto de cordura y una demostración de patriotismo, reparen la falta cometida y se hagan acreedores a la inviolabilidad de sus vidas.

Por estas consideraciones he tenido a bien decretar lo siguiente:

1. Se concede amnistía a los jefes y oficiales siempre y cuando no resulten responsables de delitos del orden común al ser juzgados por un tribunal especial que al efecto se constituya.

2. Se concede amnistía general a la clase de tropa.

3. Para el efecto de los artículos anteriores se presentarán ante el jefe revolucionario más inmediato, a quien le entregarán las armas correspondientes.

4. Los jefes, oficiales y soldados insurgentes deberán dar amplias garantías a los que se rindan, dando cuenta a la superioridad con los nombres de las personas que pretendan indultarse, a fin de que se les expida su pasaporte y puedan volver a sus hogares.

5. El presente decreto surtirá sus efectos desde luego y caducará el día dos de septiembre próximo, en el concepto de que después de esa fecha todo aquel que siga con las armas en la mano, combatiendo a la revolución, será considerado como traidor a la patria, y como tal, juzgado que sea, será sentenciado a la pena capital y sus bienes pasarán a poder de la nación.

Reforma, Libertad, Justicia y Ley.

Campamento en Milpa Alta, D. F.
Agosto 10 de 1914.
El General en Jefe,

Decreto de nacionalización de bienes de los enemigos de la revolución

El C. General Emiliano Zapata, Jefe supremo de la revolución de la República, a sus habitantes hace saber:

En atención a que los malos mexicanos que apoyaron y sostuvieron a los gobiernos pasados siguen en su labor obstruccionista, oponiéndose, por cuantos medios encuentran a su alcance, a la realización de los principios proclamados por la revolución y contenidos en el Plan de Ayala, retardando el triunfo completo de las reformas agrarias, y de conformidad con las facultades de que me hallo investido, he tenido a bien decretar lo siguiente:

Artículo I. Se nacionalizan los bienes de los enemigos de la revolución que defiende al Plan de Ayala y que directa o indirectamente se hayan opuesto o sigan oponiéndose a la acción de sus principios, de conformidad con el artículo VIII de dicho Plan y VI del decreto del 5 de abril de 1914.

Artículo II. Los Generales y Coroneles del Ejército libertador, de acuerdo con el Cuartel General de la revolución, fijarán las cédulas de nacionalización, tanto a las fincas rústicas como a las urbanas.

Artículo III. Las autoridades municipales tomarán nota de los bienes nacionalizados, y después de hacer la declaración pública del acta de nacionalización darán cuenta detallada al Cuartel General de la revolución de la clase y condiciones de las propiedades que sean, así como de los nombres de sus antiguos dueños o poseedores.

Artículo IV. Las propiedades rústicas nacionalizadas pasarán a poder de los pueblos que no tengan tierras que cultivar y carezcan de otros elementos de labranza, o se destinarán a la protección de huérfanos y viudas de aquellos que han sucumbido en la lucha que se sostiene por el triunfo de los ideales invocados en el Plan de Ayala.

Artículo V. Las propiedades urbanas y demás intereses de esta especie nacionalizados a los enemigos de la revolución agraria se destinarán a la formación de instituciones bancarias dedicadas al fomento de la agricultura, con el fin de evitar que los pequeños agricultores sean sacrificados por los usureros y conseguir por este medio que a toda costa prosperen, así como para pagar pensiones a las viudas y huérfanos de quienes han muerto en la lucha que se sostiene.

Artículo VI. Los terrenos, montes y aguas nacionalizados a los enemigos de la causa que se defiende serán distribuidos en comunidad para los pueblos que lo pretendan y en fraccionamiento para los que así lo deseen.

Artículo VII. Los terrenos y montes que se repartan no podrán ser vendidos ni enajenados en ninguna forma, siendo nulos todos los contratos o transacciones que tiendan a enajenar tales bienes.

Artículo VIII. Los bienes rústicos que se repartan por el sistema de fraccionamiento solo podrán cambiar de poseedores por transmisión legítima de padres a hijos, quedando sujetos, en cualquier otro caso, a los efectos del artículo anterior.

Artículo IX. El presente decreto surtirá sus efectos desde luego.

Reforma, Libertad, Justicia y Ley.

Dado en el Cuartel General en Cuernavaca, a los ocho días de septiembre de 1914.

El General en Jefe del ejército libertador,

Ley orgánica del cuartel general

Emiliano Zapata, Jefe supremo de la revolución, en uso de las facultades de que me hallo investido, he tenido a bien expedir la siguiente

Ley orgánica del Cuartel General de la revolución.

Artículo primero. Para la buena marcha y eficaz despacho de todos los asuntos que hayan de ventilarse en el Cuartel General, quedan establecidos seis Departamentos que se denominarán: Departamento de guerra, Departamento de gobernación, Departamento de agricultura, colonización y fomento, Departamento de hacienda y relaciones exteriores, Departamento de justicia e instrucción pública y Departamento de comunicaciones.

Artículo segundo. Corresponde conocer, estudiar y resolver a cada Departamento, los asuntos que le corresponden por su denominación.

Artículo tercero. Los seis Departamentos establecidos trabajarán en los asuntos de su resorte, bajo la inmediata dependencia del Jefe supremo de la revolución.

Artículo cuarto. Cada Departamento estará a cargo de un jefe, nombrado por el Jefe supremo de la revolución.

Los jefes de Departamento, bajo su más estricta responsabilidad, acordarán y despacharán con su firma los asuntos de poco interés; despachando aquellos que sean de importancia y de interés general para la revolución, de acuerdo con el mismo Jefe supremo, quien si lo estima conveniente convocará a junta a todos los jefes de Departamento para que en ella se resuelva el asunto de que se trate, el que será despachado con la firma del propio Jefe supremo.

Artículo quinto. A juicio del Jefe supremo de la revolución y designado por él, habrá en cada Departamento uno o más individuos que con el carácter de comisionados, ayudarán en sus labores a los jefes de Departamento, estando subalternados a éstos. Dichos comisionados suplirán a los jefes de Departamento en sus ausencias o faltas originadas por enfermedad, y reservarán para la resolución de éstos los asuntos que por su dificultad, no se consideren capacitados para resolver por sí mismos y permitan espera. Cuando algún jefe de Departamento falte temporalmente a sus labores, por enfermedad o por estar desempeñando alguna comisión, el Jefe supremo designará al sustituto, y en ausencia de él lo hará el Centro Consultivo de Propaganda y Unificación Revolucionaria. Este procedimiento se seguirá cuando el Departamento acéfalo tenga dos o más comisionados o carezca de ellos.

Artículo sexto. Habrá un oficial de partes.

Este cargo, por ahora, lo desempeñará el jefe del Departamento de guerra, quien recibirá y distribuirá, bajo conocimiento, la documentación a los Departamentos respectivos.

Artículo séptimo. Habrá juntas de jefes de Departamento por acuerdo del Jefe supremo de la revolución o a moción de alguno de los propios jefes, para tratar asuntos de difícil y urgente resolución. Estas juntas serán presididas por el mencionado Jefe supremo, quien designará su secretario. Caso de no asistir el Jefe supremo de la revolución, la junta de jefes designará su presidente y secretario.

Artículo octavo. Ningún jefe de Departamento podrá intervenir en los asuntos que se ventilen en los otros Departamentos diversos al suyo, salvo que el Jefe supremo así lo disponga.

La infracción de lo prevenido en este artículo, puesto que constituye un delito, se hará del conocimiento del Jefe supremo de la revolución y del Centro Consultivo de Propaganda y Unificación Revolucionaria, para que se resuelva lo que sea procedente.

Artículo noveno. Los jefes de Departamento solo podrán separarse del Cuartel General, cuando se trate del desempeño de comisiones que les confieran éste o el Centro Consultivo de Propaganda y Unificación Revolucionaria; pero tendrán obligación de estar presentes en las sesiones que dicho Centro celebra el día primero de cada mes, y de permanecer en el Cuartel el tiempo necesario para despachar los asuntos que los comisionados que los substituyen en los Departamentos respectivos, hayan reservado para su estudio.

Artículo décimo. Desde el momento en que el Centro Consultivo de Propaganda y Unificación Revolucionaria, nombre una comisión para laborar en determinada zona, los asuntos relacionados con esa comisión quedarán sometidos al control de ella y del Centro Consultivo, y el Cuartel General se abstendrá de intervenir en ellos, hasta que dicho Centro en vista del informe de la comisión, presente el dictamen respectivo.

Se excepción naturalmente, los casos de urgencia en los cuales el Cuartel General resolverá desde luego lo procedente.

Artículo undécimo. La falta de cumplimiento de las obligaciones de cada jefe de Departamento, dará lugar a que se le aplique al infractor la corrección disciplinaria que en junta se determine, oyendo previamente al responsable.

Transitorios

1.° El Cuartel General de la revolución tendrá su asiento en el lugar que designe el Jefe supremo, y los jefes de los Departamentos, salvo el caso del artículo noveno, deberán concurrir diariamente a sus labores a la oficina correspondiente, exceptuados los domingos y días feriados. El Departamento de guerra radicará en el lugar que designe el Jefe supremo de la revolución.

2.° Esta ley comenzará a surtir sus efectos desde la fecha de su publicación.

Por tanto, mando, se imprima, publique, circule y se le dé el debido cumplimiento.

Reforma, Libertad, Justicia y Ley.

Dada en el Cuartel General, en el Estado de Morelos el 5 de enero de 1917.

Emiliano Zapata.

Decreto sobre los bienes nacionalizados

El C. General Emiliano Zapata, Jefe supremo de la revolución, a los habitantes de la República hago saber:

Considerando. Que los bienes pertenecientes a los enemigos de la causa que se defiende, o sean los bienes conocidos con el nombre de nacionalizados, son de la propiedad de la nación, y el gobierno es el único a quien corresponde su administración y conservación.

Considerando. Que dichos bienes han sido destinados para el fomento de la agricultura de la República, por medio de la ayuda pecuniaria prestada a los pequeños agricultores y para pago de pensiones a viudas y huérfanos de los que sucumban o hayan sucumbido en la presente lucha.

Considerando. Que ha sido mal comprendido el objeto a que se destinan los bienes nacionalizados, pues individuos del orden militar o civil se posesionaron de casas, para habitarlas, o de molinos o fábricas para explotarlas, con lo cual se produjo el desorden consiguiente, al grado de que algunos revolucionarios, con detrimento de los buenos principios, se consideran dueños de los bienes de los enemigos de la causa, a título de botín o de conquista.

Considerando. Que los bienes nacionalizados deben producir rentas al erario nacional, y, por lo mismo, los revolucionarios o particulares tienen la obligación de pagar el precio del arrendamiento por las casas o bienes de la nación que ocupan.

Considerando. Que el Ejército libertador carece por el momento de fondos para el pago de haberes, y con el objeto de que disminuyan los gastos que los pueblos hacen para sostener las fuerzas, en lo sucesivo la Caja Rural de Préstamos proporcionará en calidad de empréstito, mientras dure este estado de cosas, las cantidades necesarias para atender a las tropas.

Considerando. Que conviene a todo trance asegurar la administración, conservación y explotación de los bienes dichos, por la autoridad competente, he tenido a bien decretar lo siguiente:

1.° Se prohíbe a los revolucionarios o pacíficos que se posesionen de bienes nacionalizados o nacionales, sin solicitarlo antes de la Caja Rural de Préstamos y obtener el permiso de la misma.

2.° Los que pretendan habitar casas o explotar bienes pertenecientes a la nación, deberán hacer sus contratos en las oficinas de la Caja Rural de Préstamos, para que ésta les fije las rentas mensuales que deben pagar.

3.° Los jefes con mando de tropa, que tengan que permanecer en las poblaciones por orden superior, solicitarán de la autoridad civil de la localidad, lugares para acuartelarse.

4.° Las autoridades civiles proporcionarán cuarteles (si los hay del gobierno) o casas nacionalizadas que se adapten para cuartel, dando aviso a las oficinas de la Caja Rural de Préstamos, para que ésta acuerde las rentas que deba pagar el gobierno por los locales que se dediquen a cuarteles.

5.° No podrán considerarse como cuarteles las casas nacionalizadas que alojen solamente a un jefe o jefes, a sus familias o a unos cuantos soldados, pues solamente se consideran como cuarteles los edificios que alojen cuando menos a diez hombres en las poblaciones de dos mil habitantes, a veinte en las poblaciones de menos de cinco mil habitantes, a cincuenta hombres en las de menos de diez mil almas y a cien hombres en las poblaciones de diez mil hombres o más.

6.° Los individuos que, en contravención a los anteriores preceptos y sin cumplir los requisitos que en ellos se marcan, se apoderen de alguna finca o propiedad nacional o nacionalizada, serán castigados con cualquiera de las siguientes penas a juicio del Cuartel General o del tribunal que deba juzgarlos: amonestación pública o privada, destitución, multa de cien a mil pesos o arresto de uno a once meses, según la mayor o menor gravedad del caso.

7.° Los jefes militares harán conocer el presente decreto a los oficiales y tropa que de ellos dependan.

8.° La Caja Rural de Préstamos dedicará los productos de los bienes nacionalizados al pago de las pensiones de las viudas y huérfanos de las víctimas de la revolución, de toda preferencia, y el sobrante será destinado al fomento de la agricultura de la República, conforme a las bases de la misma Caja Rural.

9.° El presente decreto surtirá sus efectos desde luego.

Artículo transitorio

Mientras tanto el gobierno está en condiciones de proporcionar los dineros necesarios para atender a los gastos de la guerra, la Caja Rural de Préstamos, podrá hacer empréstitos al Cuartel General de la revolución en las cantidades que ésta necesite para hacer frente a las atenciones de la campaña.

Por tanto mando se publique, circule y se le dé el debido cumplimiento.

Reforma, Libertad, Justicia y Ley.
Cuartel General en Tlaltizapán, Morelos.
30 de enero de 1917.
El General en Jefe,

Ley relativa a los representantes de los pueblos en materia agraria

El C. General Emiliano Zapata, Jefe supremo de la revolución, a los habitantes de la República hago saber:

Considerando que: es de urgente necesidad el establecimiento de una autoridad especial, con facultades y obligaciones bien definidas, para que se encargue única y exclusivamente de representar y defender los derechos de los pueblos en asuntos de tierras, montes y aguas.

Considerando que: si bien algunos pueblos, desde tiempo inmemorial han acostumbrado nombrar representantes para esas cuestiones, nunca hubo una ley que determine y haga respetar las facultades de esos representantes, por lo que éstos se han visto con frecuencia burlados, o bien sus atribuciones invadidas por los Ayuntamientos o estorbada, en fin, su acción por toda clase de autoridades.

Considerando que: así como hay que conceder amplia personalidad a esos representantes, es preciso evitar que ellos abusen de las facultades que se les confieren, como en épocas pasadas lo hicieron los Ayuntamientos, vendiendo indebidamente los terrenos propiedades comunales, sea estableciendo distinciones odiosas entre los vecinos, o bien celebrando contratos ruinosos para los intereses de los municipios.

Considerando que: los abusos más comunes consistían en otorgar a los vecinos más influyentes o a poderosos contratistas el privilegio de explotar grandes extensiones de terreno o de monte o pasto, y para evitar que en lo futuro se registren casos análogos es preciso conceder al vecindario la intervención que de hecho le corresponde en esos contratos sometiéndolos a su aprobación o rectificación, con lo cual se apartará el peligro de que sus representantes sean sobornados por los particulares o por las compañías interesadas en la explotación y se conseguirá a la vez que los pueblos obtengan utilidades muchas veces cuantiosas, por medio del arrendamiento de aquellos terrenos de monte o pasto que no sean necesarios para las atenciones comunales, o que resultan sobrantes después de hecho entre los vecinos el reparto de lotes de conformidad con el Plan de Ayala y la Ley Agraria expedida por el ministerio del ramo.

Considerando que: respecto de los terrenos de labor hay que hacer la salvedad de que si bien conviene arrendar a los vecinos o a personas extrañas los que sobren una vez hecho el reparto de lotes, debe evitarse que esos arrendamientos abarquen grandes extensiones, lo que sería contrario al espíritu de la revolución que tiende a suprimir el acaparamiento de tierras, por lo cual debe establecerse que si un extraño quiere explotar parte de esos terrenos sobrantes o un vecino desea cultivar a más del terreno que por derecho le corresponda, otra porción de terreno, podrá hacerlo mediante el pago de la renta respectiva siempre que el terreno que se le permita cultivar, no exceda de cuatro lotes iguales a los que repartan entre las familias campesinas conforme a la Ley Agraria.

Considerando que: en previsión del caso de que los representantes de un pueblo no se conduzcan con la debida equidad y honradez debida en el desempeño de sus funciones, hay que reconocer al vecindario el derecho de sustituirlos para que no sigan causando daño a la comunidad.

Por todas estas consideraciones, he creído necesario expedir el siguiente decreto:

Artículo 1.° Todos los pueblos de la República cualquiera que sea la categoría de ellos, procederán a nombrar sus representantes para las cuestiones de tierras, montes y aguas, en el concepto de que aquéllos deberán ser dos por lo menos.

Artículo 2.° Los nombramientos serán hechos por todos los vecinos de la localidad que tengan el carácter de ciudadanos y las elecciones serán directas en todo caso.

Artículo 3.° Las elecciones serán convocadas por los actuales representantes y a falta de estos por la autoridad municipal respectiva. En las elecciones subsiguientes la convocatoria será hecha precisamente por los representantes.

Artículo 4.° Las elecciones se verificarán el primero de diciembre de cada año y los representantes electos tomarán posesión de sus cargos el primero de enero del siguiente año, siendo la duración del período hasta el 31 de diciembre del mismo año.

Artículo 5.° Los representantes podrán ser reelectos pasados dos períodos.

Artículo 6.° El cargo de representante será gratuito y honorífico.

Artículo 7.° Para ser representante se requiere: ser mayor de veinticinco años, ser notoriamente honrado, ser nativo del lugar y estar avecindado en él por espacio de cinco años por lo menos.

Artículo 8.° Los deberes de los representantes son los siguientes:

I. Cuidar bajo su más estricta responsabilidad de los títulos y planos del ejido; cuidar de los terrenos del pueblo; cuidar del fundo legal; de los terrenos de monte o pasto; de los terrenos de labor que resulten sobrantes después de hecho entre los vecinos el reparto de lotes de que habla la Ley Agraria.

II. Cuidar de la conservación y explotación de los terrenos que pertenecen al pueblo.

III. Concertar la explotación de los terrenos de monte o pasto, excluyendo aquellos que el pueblo se reserva para los usos comunales.

IV. Arrendar a los vecinos y a personas extrañas los lotes de labor que resulten sobrantes después de hecho el reparto entre los vecinos a que se refiere la Ley Agraria.

Los contratos de que hablan los dos incisos anteriores, tendrán que ser aprobados y ratificados por el pueblo para que surtan sus efectos.

Los terrenos de labor sobrantes que posea el pueblo y que cita el presente inciso, podrán ser alquilados siempre que la parte de terreno que solicita una sola persona no exceda de cuatro lotes de labor iguales a los que correspondan a cada labrador, en el reparto respectivo.

V. Proteger a los agricultores cuando las autoridades civiles o militares, en contravención a los principios revolucionarios, exijan el pago de rentas por los lotes o parcelas de terrenos que la revolución cede o restituye a los campesinos.

VI. Impedir que uno o más vecinos del pueblo se aprovechen exclusivamente de la explotación de grandes extensiones de terrenos de montes o pasto con perjuicio del resto del vecindario, pues los terrenos referidos deben ser aprovechados por todos los vecinos de la localidad, salvo el caso de que el pueblo por medio de sus representantes, contrate o arregle la explotación o alquiler de una parte de esos terrenos, previa reserva de los que el pueblo necesite para los fines comunales de corte de leña, manutención de ganados y aprovechamiento de maderas para construcción de casas.

Al efecto deberá cumplirse el requisito de ratificación por el pueblo, a que se refiere el inciso cuarto.

VII. Vigilar que los productos que se obtengan de la explotación o alquiler de los terrenos de monte o pasto, o lo sobrante de labor, se aprovechen de preferencia en la instrucción pública.

VIII. Los representantes podrán ser destituidos por acuerdo de la mayoría del vecindario.

Para llevar a cabo la destitución, el mismo pueblo será convocado debidamente y nombrará al efecto una Mesa Directiva bajo cuya presidencia procederá a la destitución de dichos mandatarios y a la elección de los substitutos.

Artículo 9.° (Ilegible en el original).

Artículo 10.° Cuando las responsabilidades que resulten contra los representantes ameriten penas mayores que la destitución, se les consignará ante las autoridades respectivas, para que depuren su conducta.

Artículo 11.° Este decreto surtirá efecto desde la fecha de su publicación.

Por lo tanto mando que se publique, circule y se le dé el debido cumplimiento.

Dado en el Cuartel General en Tlaltizapán, Morelos, el tres de febrero de 1917.
El General en Jefe,

Decreto de amnistía a los jefes, oficiales y tropa del ejército constitucionalista

Emiliano Zapata, Jefe supremo de la revolución, en uso de las facultades extraordinarias de que me hallo investido, a los habitantes de la República hago saber:

Considerando:

Que el carrancismo con su política personalista, se acerca rápidamente a su ruina, por lo que cada vez son más numerosas en sus filas deserciones de jefes, oficiales y soldados, por haber comprendido al fin, la inutilidad de la resistencia armada.

Que: no siendo ya tolerable que solo por el capricho inmoral de una facción integrada por hombres ambiciosos y ávidos de poder, sigan sacrificándose millares de mexicanos, y que hay que acoger con honradez y buena fe, dando garantías a todos aquellos que reconociendo su error, quieren separarse del servicio de un déspota y rendir homenaje a la buena causa del pueblo, sintetizada en el Plan de Ayala.

Que: de este modo se facilitará el advenimiento de la paz nacional, pues el país está agotado, las familias sufren hambre en la región dominada por el carrancismo y los pueblos todos de la República están en la miseria.

Que: por éstas y otras múltiples consideraciones que existen en el espíritu público, creo mi deber expedir el Decreto siguiente:

Artículo 1.° Se concede amplia y general amnistía a todos los jefes, oficiales y tropa del titulado Ejército Constitucionalista que deponga las armas y se presenten a partir de esta fecha hasta el 31 de mayo del presente año, ante cualquier Jefe del Ejército libertador con mando de tropas.

Artículo 2.° En consecuencia, todos los jefes, oficiales y tropa del Ejército libertador, deben otorgar amplias garantías a todos aquellos que se amparen bajo el presente decreto, dentro del plazo improrrogable que el mismo fija.

Artículo 3.° Los jefes mencionados en el artículo 2°, extenderán a los militares que se presenten, una constancia escrita de los pertrechos de guerra que entreguen, para que esos se aseguren sus derechos ante la revolución y pueda asignárseles la cuota conveniente que les corresponda por cada efecto de los que entreguen.

Por lo tanto, mando: se imprima, publique y circule.

Dado en Tlaltizapán, Morelos, el 1.° de marzo de 1917.
El General en Jefe,

Circular

El C. General en Jefe se ha servido acordar se comunique a todos los presidentes municipales que quedan autorizados para extender por escrito el permiso correspondiente para la portación de armas, a todos los individuos pacíficos que lo solicitan, y sean habitantes de los pueblos comprendidos dentro de la zona de su jurisdicción a fin de dar seguridad a su persona e intereses y justifiquen sus antecedentes de ser hombres de orden y honradez, para que no hagan mal uso del arma que se les confía para su seguridad y defensa.

Por lo expuesto, quedan autorizados los presidentes municipales, comandantes de destacamentos e inspectores de zonas, para aprehender, desarmar y remitir a este Cuartel General, a todos los individuos que anden disparando tiros en poblado, a todos los individuos que sean sorprendidos jugando baraja en vía pública, a todo individuo que ande vagando en caminos reales y que no presente pase o salvoconducto de las autoridades municipales, civiles o militares, o en su caso, del jefe militar a quien dependa.

Los ayudantes municipales, rendirán parte de las novedades que ocurran en su jurisdicción a los presidentes de la municipalidad respectiva y éstos lo harán al presidente del distrito de quien correspondan a fin de que, con esos datos, estos últimos rindan parte de los Departamentos correspondientes del Cuartel General, según el caso que corresponda a cada Departamento.

Para el efecto, los Departamentos son los siguientes: Gobernación y Relaciones exteriores; Justicia e Instrucción

Pública; Guerra y Comunicaciones; Hacienda y el de Agricultura. De acuerdo con lo prevenido en la organización del ejército, decretada por la jefatura suprema, el 31 de enero, los autorizados para portar armas son los que forman el contingente de la primera reserva y por lo tanto tendrán las mismas consideraciones que las correspondientes a la milicia activa.

El contraventor que desarme a los individuos comprendidos en el acuerdo de Gobernación, será consignado ante un Consejo de guerra y juzgado por la desobediencia a un mando superior.

Todos los Generales, jefes de operaciones, jefes de sectores defensivos, etc., desde esta fecha y hasta nueva orden establecerán puestos de correos montados, escalando éstos dentro de la zona en que se encuentran, hasta donde está el puesto inmediato correspondiente a otra zona con el fin de que se establezca un servicio de comunicaciones rápidas con el Cuartel General, con el cual se debe estar en constante comunicación, para expeditar el servicio militar.

Lo comunico a todas las fuerzas revolucionarias, para su conocimiento y efectos.

Reforma, Libertad, Justicia y Ley.

Cuartel General en Tlaltizapán, Morelos, a 2 de marzo de 1917.

El General en Jefe,

Decreto general administrativo para el Estado de Morelos

Emiliano Zapata, Jefe supremo de la revolución de la República, a los habitantes del Estado de Morelos hago saber:

Considerando: que es preciso que los ciudadanos del Estado tomen parte en los arreglos de los asuntos que a éstos interesan, pues solo así se realizará uno de los grandes ideales de la revolución, que es el gobierno del pueblo por el pueblo.

Considerando: que esto se logrará por medio de reuniones o juntas que en días fijos celebren los vecinos de los pueblos o sus comisionados, para estudiar y dictar las medidas que sean necesarias para el buen orden y la prosperidad del pueblo, de la municipalidad o del Distrito respectivo.

Considerando: que con esto se conseguirá, además, que los diversos pueblos se acostumbren a tratar en común los negocios que a todos afectan, para que entren así en contacto mutuo y directo, en vez de que permanezcan aislados unos de otros como hoy sucede, lo que solo puede producir rivalidades, odios y malas inteligencias.

Considerando: que hace falta en cada Distrito una autoridad superior, electa por el pueblo, que sirva de lazo de unión entre los municipios, cuide la conservación del orden y excite a los ayuntamientos, autoridades y empleados del Distrito, para que cumplan con sus deberes, atendiendo debidamente las necesidades de los pueblos.

Considerando: que en cuanto al gobierno del Estado, debe estar asistido en sus labores por un Consejo de gobierno, que evite los actos tiránicos, vigile el cumplimiento de los principios revolucionarios, diga las quejas de los pueblos e impida que las altas autoridades extorsionen a éstos o que cometan abusos de cualquier género.

Por todas estas consideraciones, he creído necesario expedir el decreto que sigue:

Capítulo I. De las juntas de vecinos y sus comisiones

Artículo 1. El día quince de cada mes se reunirán en el local de las diversas Ayudantías Municipales del Estado, los vecinos del pueblo correspondiente a cada ayuntamiento. En esa junta los vecinos discutirán los asuntos que sean de más interés y urgencia para la localidad y por mayoría de votos dictarán las medidas que precedan; a no ser que se trate de asuntos que afecten el interés de la municipalidad, pues éstos se reservarán para ser tratados en la próxima junta de la Cabecera de la municipalidad. Sobre los asuntos difíciles a juicio de los vecinos aunque solo se refieran al pueblo respectivo y no a toda la municipalidad, podrán aquellos consultar con la referida junta municipal, y el dictamen que ésta emita, será sometido a discusión y votación de la nueva junta que celebrarán los vecinos del pueblo que se trate.

Artículo 2. Con el objeto de que los representantes en la próxima junta municipal sean debidamente nombrados, los vecinos reunidos conforme al artículo anterior postularán sus comisionados que serán en número de dos o más.

Artículo 3. En las Cabeceras de los municipios se reunirán también los vecinos de las mismas, el día quince de cada mes, en la presidencia municipal, con el objeto de discutir los negocios que interesen a la población, y tomar los acuerdos correspondientes en los términos del artículo primero, y de nombrar sus comisiones para la siguiente junta general de la municipalidad.

Artículo 4. Las juntas municipales de que hablan los artículos anteriores, se celebrarán el día veinte de cada mes, en el local de la presidencia municipal de la Cabecera de la municipalidad respectiva; a dicha junta concurrirán los ayudantes municipales de la jurisdicción y los comisionados a que se refieren los artículos anteriores. Cada comisión expondrá las consultas que sobre sus propios asuntos haga el pueblo respectivo, explicará y sostendrá las proposiciones que éste formule sobre asuntos referentes a toda la municipalidad.

Respecto de los asuntos consultados rendirá la junta su dictamen, previa discusión y con el carácter de simple opinión, para que sea discutida por los vecinos del pueblo de que se trate, conforme a lo explicado en el artículo primero. En cuanto a los asuntos que interesen a la municipalidad, la junta discutirá y aprobará las medidas que estime convenientes a fin de que sean ejecutadas por el presidente municipal; si no se considera capaz la junta para resolver algún asunto arduo, o los negocios en cuestión afectasen a todo el Distrito, lo reservará aquélla para que sea tratado en la siguiente junta del Distrito.

Artículo 5. En la junta municipal a que se refiere el artículo anterior, nombrarán los presidentes dos o más comisionados que los representen en la junta del Distrito del día primero del mes siguiente.

Artículo 6. Las juntas del Distrito tendrán verificativo el día primero de cada mes en la Cabecera del Distrito correspondiente, y tendrán por objeto estudiar y resolver los asuntos que afecten a todo el Distrito, así como emitir dictamen acerca de aquellos negocios que las juntas municipales hayan pasado a consulta y la respectiva junta de Distrito, así como a los comisionados que en representación de cada municipio se haya nombrado en las juntas de que habla el artículo anterior.

Las medidas que se acuerden serán ejecutadas por el presidente del Distrito.

Cuando se someta a las juntas del Distrito algún negocio que sea de la incumbencia del gobierno del Estado, las sujetarán aquéllas a la decisión de éste.

Capítulo II. De los presidentes de Distrito

Artículo 7. En cada Cabecera de Distrito habrá un funcionario denominado presidente de Distrito, que fungirá a la vez como presidente municipal de dicha Cabecera. Dicho funcionario será nombrado por todos los vecinos del Distrito que tengan derecho a votar y su elección se hará a la vez que la de autoridades municipales.

Artículo 8. Son facultades de los presidentes de Distrito:

I. Vigilar que las autoridades o empleados del Distrito cumplan con sus obligaciones, y que los ayuntamientos atiendan eficazmente a la administración de los pueblos.

II. Publicar las leyes y demás disposiciones de observancia general que se les ordenen poner en conocimiento de todos.

III. Conservar el orden público y la seguridad general de las personas o de las propiedades.

IV. Recibir las partes que diariamente les rindan de las novedades que ocurran, los presidentes municipales y los jefes de ronda de todo el Distrito y transmitirlas al gobierno del Estado.

V. Despachar las consultas que sobre asuntos difíciles les hagan las autoridades municipales.

VI. Dar auxilio a los tribunales en la presentación de los delincuentes.

VII. Cuidar de la ejecución de las penas impuestas a los delincuentes.

VIII. Vigilar que se mantengan en expedito servicio, las vías de comunicación y correspondencia, dentro de su jurisdicción.

IX. Procurar el fomento de las mejoras materiales dentro de su Distrito.

X. Cuidar de la conservación de la salubridad pública.

XI. Desempeñar las atribuciones que les corresponden otras leyes.

Artículo 9. En el ejercicio de sus funciones, los presidentes de Distrito se sujetarán a las reglas siguientes:

Artículo 10. Respetarán en todo y por todo la libertad municipal de tal suerte que la vigilancia que ejerzan sobre las autoridades municipales no tendrá más objeto que impedir perjuicios a los pueblos, causados por la morosidad o la ineptitud de dichas autoridades.

Artículo 11. Por conducto del presidente municipal, harán al ayuntamiento descuidado o moroso, una formal excitativa para que cumpla sus obligaciones, y si repetida la excitativa, en un término prudente, la falta no se corrigiera darán cuenta al gobierno del Estado, para que imponga a los culpables la corrección respectiva, que será una multa que variará entre uno a diez pesos por persona.

Artículo 12. Los presidentes de Distrito dispondrán de la fuerza armada, en su jurisdicción, para la protección general de las personas o intereses de sus habitantes. Es de estricta obligación tomar eficaces providencias para impedir que unos y otros sufran cualquier daño siempre que tuviera noticias que se trate de cometer, o por circunstancias especiales les puedan proveer.

Artículo 13. No perseguir a los autores de delitos privados sino en virtud de orden del juez competente. Pero cuando un delito sea de aquellos que deban perseguirse de oficio, los presidentes de Distrito procurarán la aprehensión de los autores, para entregarlos a las autoridades competentes.

Podrá también cuando fuere preciso prever su delito, aprehender al que lo intente, poniéndole sin demora a disposición de su juez.

Artículo 14. La persecución de los delincuentes emprendida por el presidente de Distrito, se continuará por el mismo en otro inmediato a que pase el perseguido, cuando de interrumpirla pudiera resultar la fuga del reo.

Artículo 15. Están bajo la vigilancia e inspección de los presidentes de Distrito, las prisiones y lugares de detención, la incomunicación efectiva de los procesados y la guarda de todos los presos y detenidos.

Artículo 16. Dichos presidentes cuidarán de que observen los reglamentos expedidos por el regidor de las cárceles en todo el Distrito.

Artículo 17. Los presidentes de Distrito inspeccionarán frecuentemente los caminos, así como las líneas telefónicas y telegráficas de su jurisdicción, para reparar o hacer que se repare por quien corresponda, sin dilación, cualquier daño que se observe en ellas.

Artículo 18. El mismo cuidado tendrán respecto de la construcción, conservación y reparación de todas las propiedades del Estado, en sus respectivos Distritos.

Artículo 19. Estudiarán también las necesidades de los pueblos, con el fin de promover ante los ayuntamientos o ante el gobierno del Estado, en su caso, la ejecución de las obras de utilidad pública, dando preferencia a las obras de salubridad, siguiendo después las de utilidad, y por último con las de ornato.

Artículo 20. Recorrerán sus Distritos con la frecuencia necesaria para el buen desempeño de sus obligaciones, e informarán al gobierno del Estado, acerca del resultado de sus visitas, y especialmente respecto a las dificultades que se les presenten u observen en la ejecución de las leyes y disposiciones administrativas.

Artículo 21. No podrán separarse de sus Distritos, sin previa autorización del gobierno del Estado, salvo el caso del artículo 14.

Artículo 22. Los presidentes de aquella municipalidad en que no resida el presidente del Distrito, son agentes de esta autoridad, para el cumplimiento de las atribuciones contenidas en las fracciones II, III, VI Y VIII del artículo 8.

Artículo 23. Los presidentes de Distrito son responsables por los delitos, faltas y omisiones en que incurran en el ejercicio de su cargo.

Artículo 24. El gobernador del Estado hará efectiva la responsabilidad de dichos presidentes en los casos de faltas y omisiones leves y los pondrá a disposición de los tribunales comunes, cuando se trate de un delito oficial o del orden común.

Para los efectos de este artículo, el gobernador nombrará uno o más visitadores, cuando lo crea conveniente.

Artículo 25. Por simple descuido en el incumplimiento de sus obligaciones, el gobernador multará a los presidentes de Distrito, hasta con cincuenta pesos, si después de una excitativa para que corrijan a aquél, no lo hicieren.

Artículo 26. Contra las responsabilidades que dicte el gobernador, en los casos de los artículos anteriores, podrá el interesado recurrir en revisión ante el consejo de gobierno.

Capítulo III. Del gobernador del Estado y del consejo de gobierno

Artículo 27. La dirección de los asuntos generales del Estado, en el orden administrativo, queda confiada al gobernador, quien será auxiliado en sus funciones por un consejo de gobierno.

Artículo 28. Los miembros de este consejo, serán en número de tres, y deberán ser electos por la misma junta de revolucionarios, que conforme al Plan de Ayala nombre el gobernador provisional.

Artículo 29. Dicho consejo tendrá las siguientes facultades y obligaciones:

I. Expedir toda clase de leyes, de propia iniciativa o a propuesta del gobernador o de cualquier ayudante y revisar los reglamentos que el gobernador expida, negándose su aprobación, si así lo exige el bien público o los principios revolucionarios.

II. Revisar los nombramientos hechos por el gobernador y rechazar los que recaigan en favor de los enemigos de la revolución o de las personas desafectas a ella.

III. Exigir del gobernador y de las demás autoridades, el estricto cumplimiento del Plan de Ayala, de la Ley Agraria y de las demás leyes revolucionarias, y de dar cuenta de las infracciones que observen, al cuartel general de la revolución.

IV. Revisar conforme a la ley de la materia y para los efectos de la misma, las leyes, reglamentos y bandos que expidan los ayuntamientos.

V. Revocar los acuerdos u otras disposiciones del gobernador o de las demás autoridades, que estén en pugna con los principios revolucionarios.

VI. Oír las quejas de los vecinos del Estado contra el gobernador y demás funcionarios locales, y tomar las medidas necesarias para corregir el mal, inclusive la de exigir la destitución de los funcionàrios culpables y consignarlos ante los tribunales comunes, en el caso de la comisión de un delito. Si se trata del gobernador, deberán pedir la destitución y consignación del mismo a la junta de jefes revolucionarios del Estado.

VII. Convocar a los vecinos de cada pueblo, en los casos que fija la ley general de ayuntamientos, o sea procediendo la solicitud del número de vecinos que dicha ley fija.

Artículo 30. Las funciones del consejo de gobierno terminarán al tomar posesión la legislatura del Estado debidamente electa.

Artículo transitorio

Esta ley regirá únicamente durante el periodo revolucionario, o sea hasta que la legislatura del Estado dicte sobre el particular las disposiciones que crea convenientes, una vez establecido el régimen constitucional.

Por tanto, mando que se publique, circule y se le dé el debido cumplimiento.

Reforma, Libertad, Justicia y Ley.

Cuartel General en Tlaltizapán, Morelos, a 17 de marzo de 1917.

El General en Jefe,

Bases para la organización del Ejército libertador

Emiliano Zapata, Jefe supremo de la revolución, en uso de las facultades extraordinarias de que me hallo investido, he tenido a bien decretar las siguientes disposiciones:

Para la organización del Ejército libertador, se observarán las denominaciones y bases generales siguientes:

Artículo 1.° La fuerza de las distintas milicias y armas decretadas el 31 de enero del corriente año, para sostener la verdadera revolución popular, debe constituir el Ejército libertador y mientras el estado de guerra subsista, dependerá exclusivamente del General en Jefe.

Artículo 2.° Las milicias de reserva, al ser llamadas a cooperar con la milicia activa en los trabajos de campaña contra los enemigos del pueblo, quedarán sujetas a las mismas bases que la milicia activa.

Artículo 3.° La clasificación jerárquica en el ejército será la siguiente:

I. Tropas:
Soldado,
Cabo,
Sargento 2°.
Sargento 1°, denominándose clases a los sargentos y cabos.

II. Oficiales:
Subteniente,
Teniente,

Capitán.

III. Jefes:
Mayor,
Teniente Coronel,
Coronel.

IV. Generales:
Brigadier,
Brigada,
División.

El empleo de divisionario será el más alto puesto a que debe aspirar todo revolucionario, el cual podrá escalar por méritos propios y por su valor revolucionario.

Artículo 4.° Se forman para el efecto diez divisiones, siendo una de caballería y nueve divisiones mixtas, numerándose éstas del 1 al 10 a paso y medida que se vayan cumpliendo con los trabajos preparatorios en organización, emprendidos por el departamento de guerra.

Artículo 5.° Por lo tanto, se organizaron en pie de guerra: veintisiete batallones de infantería y catorce regimientos de caballería, comprendiendo un batallón, cuatro compañías y un regimiento, cuatro escuadrones, numerados del 1 al 4 en cada cuerpo, respectivamente.

Artículo 6.° La artillería será independiente y quedará formada por cuatro grupos: cuatro compañías de artillería y sus trenes, de conformidad con los reglamentos de cada sistema.

Artículo 7.° El servicio de ingenieros se formará por nueve compañías de zapadores, organizadas según sus reglamentos especiales.

Artículo 8.° El cuerpo médico militar será formado por diez brigadas sanitarias con el personal que corresponde a sus reglamentos especiales.

Artículo 9.° El servicio de administración estará a cargo de una comisaría central de guerra, con la cual se entenderá el tercer grupo administrativo de los Estados Mayores particulares de los cuerpos, cuyo personal será civil y nombrado por el departamento de hacienda.

Artículo 10.° El cuerpo de justicia militar estará integrado por un tribunal superior de guerra, que tendrá un delegado en cada división, el cual se denominará inspector de zona.

Artículo 11.° Se nombra desde esta fecha para el mejor servicio y reglamentación de las diferentes armas, un Estado Mayor General del Ejército, el cual quedará dividido en tres secciones con objeto de poder desarrollar el programa que marca las labores de esa importante unidad, como sigue:

Primera sección: Táctica; Segunda sección: Técnica; Tercera sección: Administrativa.

Por lo tanto mando se imprima, publique, circule y se le dé el debido cumplimiento.

Dado en Tlaltizapán, Morelos, el 23 de abril de 1917.
El General en Jefe

Ley procesal para juzgar a los enemigos de la revolución

El General Emiliano Zapata, Jefe supremo de la revolución, a los habitantes de la República hago saber:

Que siendo necesario que exista una ley especial para la substanciación de los procesos contra los enemigos de la revolución, he tenido a bien expedir la siguiente:

LEY PROCESAL PARA JUZGAR A LOS ENEMIGOS DE LA REVOLUCIÓN

Capítulo I. De la primera instancia

Artículo 1. Esta ley normará los procedimientos en todos aquellos juicios que, conforme a la ley relativa, caen bajo la competencia de los tribunales revolucionarios.

Artículo 2. Para la aprehensión de los delincuentes a que esta ley se refiere, bastarán indicios de culpabilidad.

Artículo 3. El juez de la causa tomará al acusado su declaración preparatoria dentro del plazo de tres días, y le dará a saber en ese acto el nombre del acusador o acusadores y el motivo del procedimiento, así como el derecho que tiene a nombrar desde luego defensor.

Artículo 4. El reo quedará en todos los casos sujeto a rigurosa incomunicación, hasta el momento de la preparatoria, bajo la más estrecha responsabilidad del alcalde o encargado de la prisión. Después de la preparatoria, el juez, si lo cree necesario en vista del estado de la causa, podrá ordenar que continúe la incomunicación por el tiempo que juzgue conveniente, o levantar aquélla, bajo su responsabilidad. Cada vez que expire el plazo de la incomunicación, podrá el juez prorrogarla o levantarla, según proceda.

Contra el auto que ordene o levante la incomunicación, podrá interponer cualquiera de las partes el recurso de revisión ante el Consejo de Justicia al que pertenezca el juez instructor.

Artículo 5. Durante el sumario, podrán las partes rendir sus pruebas, o el juez promover de oficio las que creyere convenientes. Se admitirán como pruebas legales y tendrán fuerza probatoria en los términos del artículo siguiente, no solo las pruebas aceptadas por el derecho común, sino también las que siguen: periódicos y otros impresos, apuntes, fotografías, cartas particulares del reo o de otras personas, y en general, toda clase de documentos privados.

Artículo 6. A dichas pruebas, no admitidas por el derecho común, les concederá el tribunal en su sentencia, el valor probatorio que lógica y racionalmente les corresponda, atendidas todas sus circunstancias.

Artículo 7. El juez terminará el sumario en el preciso e improrrogable plazo de quince días, so pena de destitución; salvo el caso de que, por las dificultades del proceso o su complicación, por el número excesivo de testigos o de pruebas, o la gran distancia de los puntos en que alguna de éstas deba recibirse, o bien por cualquiera otra causa bastante a juicio del Consejo al que pertenezca el juez instructor, sea necesario un plazo mayor, que dicho tribunal fijará al efecto en cada caso.

Artículo 8. El mismo día en que expire el término del sumario el juez instructor proveerá auto, poniendo el proceso a la vista del acusado, de su defensor o defensores, del acusador y del Ministerio Público, por tres días comunes e improrrogables, para que dentro de ellos rindan las pruebas que no hubieran producido dentro del sumario.

Solo en casos muy graves a juicio del respectivo Consejo de Justicia, podrá ampliarse ese plazo, sin que nunca pueda la prórroga exceder de quince días.

Artículo 9. El plazo de que habla el artículo anterior y la prórroga en su caso, servirán también para que las partes tomen apuntes para alegar, y el mismo día en que expire dicho plazo o su prórroga, el juez señalará día para la vista de la causa, la cual se efectuará en público y en ella podrán las partes interrogar a los testigos y acusados, así como presentar sus alegatos, verbalmente o por escrito. Si alguno de los miembros del tribunal deseare en ese acto hacer nuevas preguntas a los testigos o al presunto culpable, podrá hacerlo libremente.

Artículo 10. Dentro del término que medie entre la expiración del plazo mencionado en el artículo 8 y el día de la vista, deberán los miembros del Consejo que no hayan tenido a su cargo la instrucción del proceso, enterarse de éste.

Artículo 11. El Consejo deberá pronunciar su sentencia definitiva, dentro del plazo de las cuarenta y ocho horas siguientes a la conclusión de la audiencia pública. Dicha sentencia podrá ser absolutoria, condenatoria o de sobreseimiento.

Artículo 12. Al dictar su fallo, si fuere condenatorio, se sujetará el Consejo únicamente a los dictados de su conciencia, y no a los preceptos de las leyes escritas; pues tanto en lo relativo a la apreciación del valor de las pruebas, como por lo que hace a la declaración de culpabilidad del acusado, deberá aquél sentenciar conforme a su convicción moral.

En ningún caso podrá el tribunal absolver a un individuo contra el que existan pruebas a las que el derecho común atribuye pleno valor probatorio. En este caso tampoco podrán dictar sentencia de sobreseimiento.

Artículo 13. Las disposiciones de este capítulo son aplicables en todas sus partes, a la instrucción de aquellos procesos que desde su iniciación competen al Supremo Tribunal Revolucionario, conforme a la ley respectiva.

Capítulo II. De la formal prisión y de la libertad bajo fianza

Artículo 14. Por estar suspensas las garantías constitucionales respecto de los enemigos del pueblo, y presentar dificultades especiales esta clase de procesos, el juez de instrucción dispondrá de un plazo de ocho citas, o de quince, en los casos muy arduos, a juicio del tribunal de que aquél forme parte, para dictar auto de formal prisión contra el acusado.

Artículo 15. Para decretar la formal prisión, bastarán serias presunciones de culpabilidad contra el acusado, sin que sea requisito indispensable el de la comprobación del cuerpo del delito, en los casos en que esa comprobación sea imposible o muy difícil, por el tiempo transcurrido, por el cambio de circunstancias o por cualquier otra causa.

Contra el auto que decrete la libertad del acusado por no proceder la formal prisión, habrá lugar siempre al recurso de revisión, que substanciará de oficio, si ninguna de las partes lo promueve.

Artículo 16. La libertad bajo fianza procederá únicamente en el caso de que en el curso del proceso lleguen a desvanecerse o atenuarse notablemente las presunciones de culpabilidad en contra del acusado, y siempre que la pena que a éste corresponda no exceda a diez años de prisión.

No concurriendo esas circunstancias, toda solicitud de libertad caucional deberá ser rechazada por el juez de los autos.

Artículo 17. El auto que conceda la libertad bajo fianza, no podrá ejecutarse, sin que sea previamente confirmado por el Supremo Tribunal Revolucionario.

Capítulo III. De las partes en el juicio

Artículo 18. En los procesos de que habla esta ley, serán partes el acusado, sus defensores y el ministerio público.

Artículo 19. El acusador o el denunciante, si así lo solicita en cualquier período del proceso, será considerado como parte coadyuvante del ministerio público y por lo mismo podrá rendir toda clase de pruebas, promover recursos y alegar.

Capítulo IV. De las sentencias y de su revisión

Artículo 20. Contra las sentencias de primera instancia, si son condenatorias, no habrá más recurso que el de responsabilidad. Si fueran absolutorias o de sobreseimiento, serán en todos los casos revisadas por el Supremo Tribunal Revolucionario.

Artículo 21. El recurso de revisión procederá también contra el auto que concede la libertad bajo fianza, contra el que declare que no procede la formal prisión, y en los demás casos expresamente previstos por esta ley o por las que la revolución expida posteriormente.

Artículo 22. Promovido el recurso de revisión ante el juez inferior o de oficio, si ninguna de las partes lo promueve, aquél enviará al Tribunal Supremo los autos originales, si se trata de sentencia definitiva, o de una copia de las constancias conducentes, en los demás casos.

Artículo 23. Cuando se trate de la revisión de una sentencia definitiva, la sola correspondiente, tan pronto como reciba los autos originales, los pondrá a la vista de las partes, para que promuevan pruebas o manifiesten que no tienen ninguna que rendir. En el primer caso, las pruebas se rendirán dentro del plazo perentorio de cinco días y en el segundo caso, lo mismo que una vez fenecido el término probatorio, la sala dictará auto citando para la vista del proceso, la cual será pública, y en ella alegarán las partes o producirán sus puntos por escrito.

Artículo 24. Si se trata de la revisión de un auto o decreto, se substanciará aquélla en la forma siguiente: la sala notificará a las partes haber recibido las copias remitidas por el Inferior, y les concederá un plazo común e improrrogable de tres citas, para presentar sus alegatos escritos. Transcurrido ese plazo y sin más trámite, dictará su resolución dentro del término de tres días.

Artículo 25. Contra la sentencia o resoluciones dictadas por las salas del Tribunal Supremo, conforme a los artículos anteriores, no se admitirá recurso alguno.

Artículo 26. Contra las resoluciones o sentencias de los tribunales inferiores no habrá otro recurso que el de revisión, del cual conocerá la sala correspondiente del Tribunal Supremo en los casos de los artículos 20 y 21, y el respectivo Consejo de Justicia, en el caso previsto al final del artículo 24.

Capítulo V. De las recusaciones, excusas e impedimentos

Artículo 27. Las recusaciones solo podrán promoverse con expresión de causa, e invocándose al efecto alguna de las señaladas en el Código Federal de Procedimientos Penales. En el escrito en que se interponga la recusación se expondrán todos los fundamentos de ésta y se dirá si se solicitan o no pruebas y cuáles sean éstas.

Artículo 28. Podrán ser recusados los siguientes funcionarios: el juez instructor y el ministerio público, ambos por una sola vez; los miembros del Consejo de Justicia y los ministros del Supremo Tribunal Revolucionario; en el concepto de que solo podrán ser recusados hasta dos de esos magistrados o de aquellos ministros, y siempre que la recusación se haga en un mismo escrito.

Artículo 29. Si se trata de la recusación del juez instructor o del Ministerio Público, el tribunal del que aquél forme parte o al que éste se encuentre adscrito, substanciará la recusación, con solo el escrito en que éste se promueva, el informe del funcionario recusado y las pruebas que rinda el recusante, las cuales se recibirán dentro de los tres días siguientes al recibo del escrito de recusación en el tribunal. Rendidas las pruebas o expirado el término fijado para recibirlas, el tribunal resolverá lo procedente, dentro del plazo de veinticuatro horas.

Artículo 30. La recusación no interrumpirá en ningún caso el curso del proceso, el funcionario recusado continuará interviniendo en él, hasta que el tribunal declare que es de aceptarse la recusación.

Artículo 31. Si se trata de la recusación de los ministros del tribunal inferior o Consejo de Justicia, los magistrados del mismo no incluidos en la recusación conocerán de ésta y la substanciarán en la forma señalada por el artículo 29.

Artículo 32. Si la recusación se refiere a los magistrados del Tribunal Supremo, conocerá de la recusación la sala que siga en turno a aquella de la que formen parte el magistrado o magistrados que fueren objeto de la recusación.

Artículo 33. Serán motivos de excusas o impedimentos, los mismos que marca el citado Código Federal de Procedimientos Penales, y la substanciación del incidente relativo, se hará conforme a lo dispuesto en los artículos 29, 30 Y 31 que preceden, rigiendo para el funcionario que se excusa o se declara impedido los mismos preceptos establecidos para el recusan te.

Artículo 34. El funcionario que se excuse o se declare impedido, se abstendrá desde luego de seguir conociendo en el juicio, y entrará en seguida a substituirlo el funcionario que corresponda conforme a la ley, sin necesidad de que éste tenga que notificar previamente a las partes, el hecho de haberse avocado al conocimiento del proceso.

Capítulo VI. De los procedimientos contra los ausentes

Artículo 35. Siempre que el acusado se encuentre ausente de la República o se ignore su paradero, se seguirá el proceso respectivo, conforme a las reglas siguientes:

Artículo 36. Se notificará desde luego el acuerdo, por medio de dos periódicos de los de mayor circulación de la capital de la República, que se ha iniciado juicio en su contra y que tiene derecho a nombrar apoderado que en él lo represente; sin perjuicio de que se promueva a la vez la extradición del acusado tratándose de delitos del orden común.

Artículo 37. En ningún caso se interrumpirá el curso del juicio, por razones de la ausencia del acusado, si bien, en el caso de que éste no constituya mandatario en el juicio, se ampliará el término del sumario, por veinte días más, a efecto de que el presunto culpable o sus familiares, tengan tiempo de gestionar y de rendir sus pruebas. Si el apoderado se presenta cuando ya el sumario esté concluido, se le concederán diez días para la prueba, contados desde la fecha en que se apersone en los autos.

Artículo 38. Aunque no se presente el apoderado del reo, tendrán derecho sus familiares a rendir las pruebas que estimen convenientes, en los términos que fija el artículo anterior.

Artículo 39. Si se trata de un individuo que se haya ocultado en el interior del país para escapar a su castigo, no habrá lugar a que se le conceda el derecho de nombrar apoderado; sino que el juicio seguirá en su rebeldía, previa notificación publicada en dos periódicos de la capital de la República, elegidos entre los de mayor circulación.

Capítulo VII. Disposiciones finales

Artículo 40. En los juicios de que habla esta ley, habrá lugar siempre al recurso de responsabilidad contra los jueces o funcionarios que en ellos intervengan.

Artículo 41. En todos los puntos que no están modificados por la presente ley, se observarán los preceptos del Código Federal de Procedimientos Penales.

Artículo transitorio

Esta ley empezará a regir, tan luego como se establezcan los Tribunales Revolucionarios, en los términos fijados por la ley relativa a la organización de éstos.

Por tanto mando se publique, circule y se le dé el debido cumplimiento.

Reforma, Libertad, Justicia y Ley.

Cuartel General de la revolución, Tlaltizapán, Morelos, a 5 de mayo de 1917.

El General en Jefe,

Instrucciones

(A que deberán sujetarse los representantes de los pueblos agregados a los ayuntamientos para el deslinde o fraccionamiento o reparto de las tierras de los ejidos de los mismos.)

Primero. Se convocará al vecindario del lugar y a los representantes y vecinos de los pueblos colindantes para que de conformidad con los títulos o informaciones testimoniales de cada pueblo, se proceda a deslindar el ejido del pueblo de que se trata.

Cuando un lindero esté deslindando de entera conformidad con el pueblo o pueblos colindantes se amojonará éste; pero cuando el deslinde no se llegue a definir por inconformidad de los pueblos, en este caso no se amojonará el lindero y solo se fijarán estacas en él con el objeto de que más tarde la comisión agraria que se mande con toda facilidad haga la revisión del deslinde inconforme.

Segundo. Terminado el deslinde de conformidad o con inconformidad, se procederá a levantar el padrón del pueblo haciendo constar en él las familias con los nombres de cada uno de los miembros que la forman: si es agricultor o pretende dedicarse a la agricultura, los militares o viudas que haya en la familia, si tiene terrenos de propiedad y la extensión de ellos; cómo adquirió esos terrenos y si en la familia hay enemigos de la revolución.

Tercero. Por el padrón se sabrá qué terrenos deben confiscarse o nacionalizarse desde luego, levantándose en cada caso una acta donde se haga constar la nacionalización; la copia de la misma se fijará en el lugar de la propiedad si hay donde fijarla. Estos terrenos confiscados deben repartirse entre los labradores pobres o los que pretendan dedicarse a la agricultura.

Cuarto. Las tierras que pertenezcan al pueblo y de las que esté en posesión también se repartirán entre los labradores pobres o los que pretendan dedicarse a la agricultura.

Quinto. Las tierras que conforme a los títulos del pueblo le pertenecen, pero que no esté en posesión de ellas porque le fueron usurpadas, para su restitución, es decir para que vuelvan a poder del pueblo, se clasificarán en dos clases, a saber:

primero, tierras que aún se encuentran en poder del caciquismo adjudicatario, es decir de los que usurpan esas tierras comprándolas a la jefatura política o a la presidencia del ayuntamiento; y,

segundo, tierras que fueron adjudicadas en la forma anterior, pero que han pasado a poder de otras personas por compras que conforme a la ley han hecho.

De las tierras a que se refiere el primer caso pertenecerá a cada adjudicatario la parte de terreno que deba corresponder a cada vecino o jefe de familia; naturalmente que si el terreno que posee el adjudicatario. es menor en extensión al lote o parcela que a cada vecino deba corresponder, se le aumentará con terrenos del pueblo hasta completar la superficie del lote reglamentario para un campesino; pero si el terreno que posea el adjudicatario es mayor en superficie a la extensión que deba tener el lote reglamentario, en ese caso la parte sobrante del terreno que tenga el adjudicatario quedará disgregada o separada del terreno que posee el adjudicatario y dicho terreno sobrante pasará a formar parte de los terrenos que deban repartirse entre los labradores pobres o los que pretendan dedicarse a la agricultura. El segundo caso se resolverá dejando en posesión de sus terrenos a los que han comprado con todos los trámites de la ley pero siempre y cuando se refiera a pequeñas propiedades compradas a los adjudicatarios; pues cuando se trate de grandes propiedades compradas a los adjudicatarios, en este caso pasarán a poder de los pueblos que conforme a sus títulos les correspondan, debiendo a los que aparezcan como dueños de esas tierras deducirlos en su oportunidad ante el ministerio de agricultura y colonización conforme a los derechos que les asistan.

Sexto. El lote reglamentario es el que resulta de dividir en partes iguales entre los vecinos agricultores o los que pretendan dedicarse a la agricultura las tierras de labor que pertenezcan al pueblo, las tierras de labor confiscadas o nacionalizadas, las tierras de labor usurpadas al pueblo y que le son restituidas.

Séptimo. Cuando una familia posea tierras, montes o aguas concedidas por el gobierno colonial a sus antepasados, la propiedad deberá pasar a poder del pueblo y solo quedará a la familia el lote reglamentario que deba corresponder a una familia campesina más la indemnización respectiva por la parte expropiada, siempre que se trate de una hacienda o haciendas que colinden con pueblos limitados de terrenos y que no les bastaren para sus necesidades conforme a la ley agraria, pero en el caso contrario deberá aplicarse siempre lo que dispone la misma ley en la parte relativa a la expropiación de las grandes propiedades.

Octavo. Los terrenos que hayan sido adquiridos por la usura o agio, pasarán a poder de los dueños legítimos, pues a los agiotistas los considera la ley agraria como despojadores de tierras. El agiotista solo tendrá derecho a que se le reintegre el valor del préstamo más el interés módico del seis por ciento al año que marca el comercio en general, pero no será causa del retardo en la devolución del terreno por parte del agiotista el pago inmediato del dinero que constituyó el préstamo.

Noveno. Concluida esta labor los terrenos sobrantes o sean los terrenos de labor confiscados o nacionalizados, los terrenos de labor que pertenezcan al pueblo y de los cuales siempre ha estado en posesión, los terrenos de labor que sobren después de dar su lote a los adjudicatarios, los terrenos de labor de las grandes propiedades que fueron comprados a los adjudicatarios y los sobrantes de terrenos de labor de las grandes propiedades que el gobierno colonial concedió en forma de merced a mexicanos o extranjeros, todas estas tierras son de las que se reparten entre el número de familias de labradores pobres o de los que pretendan dedicarse a la agricultura, por extensiones iguales.

Décimo. El fraccionamiento será hecho en la forma que queda explicada y se llevará a cabo con el carácter de provisional, de manera que los mismos vecinos por medio de una o más personas harán las mediciones al cálculo o de una manera aproximada, que lo que se persigue es que con la mayor rapidez se haga el reparto de lotes entre los labradores pobres o los que pretendan dedicarse a la agricultura, a reserva de que el Ministerio de Agricultura y Colonización, en su oportunidad ratifique o rectifique, por medio de sus comisiones agrarias, esos trabajos de fraccionamiento o deslinde.

El General en Jefe,

Ley agraria que reforma a la expedida el 26 de octubre de 1915

Artículo I. Se restituyen a las comunidades e individuos los terrenos, montes y aguas de que fueron despojados, bastando que aquéllos posean los títulos legales de fecha anterior al año de 1856, para que entren inmediatamente en posesión de sus propiedades.

Artículo II. Los individuos o agrupaciones que se crean con derecho a las propiedades reivindicadas de que habla el artículo anterior, deberán aducirlo ante las comisiones designadas por el Ministerio de Agricultura, dentro del año siguiente a la fecha de la reivindicación, y con sujeción al reglamento respectivo.

Artículo III. La nación reconoce el derecho tradicional e histórico que tienen los pueblos, rancherías y comunidades de la República, a poseer y administrar sus terrenos de común repartimiento, y sus ejidos, en la forma que crean conveniente.

Artículo IV. La nación reconoce el derecho indiscutible que asiste a todo mexicano para poseer y cultivar una extensión de terreno, cuyos productos le permitan cubrir sus necesidades y las de su familia; en consecuencia, y para el efecto de crear la pequeña propiedad, serán expropiadas por causa de utilidad pública y mediante la correspondiente indemnización, todas las tierras del país, con la sola excepción de los terrenos pertenecientes a los pueblos, rancherías y comunidades, y de aquellos predios que por no exceder del máximo que fija esta ley, deben permanecer en poder de sus actuales propietarios.

Artículo V. Los propietarios que no sean enemigos de la revolución, conservarán como terrenos no expropiados, porciones que no excedan de la superficie que, como máximo, fija en cada caso el cuadro siguiente:

Clima cálido, tierras de primera calidad y de riego	100 Has.
Clima cálido, tierras de primera calidad y de temporal	140 Has.
Clima cálido, tierras de segunda calidad y de riego	120 Has.
Clima cálido, tierras de segunda calidad y de temporal	180 Has.
Clima templado, tierras de primera calidad y de riego	120 Has.
Clima templado, tierras de primera calidad y de temporal	160 Has.
Clima templado, tierras de segunda calidad y de riego	140 Has.
Clima templado, tierras de segunda calidad y de temporal	200 Has.
Clima frío, tierras de primera calidad y de riego	140 Has.
Clima frío, tierras de primera calidad. y de temporal	180 Has.
Clima frío, tierras de segunda calidad y de riego	200 Has.
Clima frío, tierras de segunda calidad y de temporal	250 Has.
Terrenos para pastos, de primera calidad	500 Has.
Terrenos para pastos, de segunda calidad	1000 Has.
Terrenos para guayules, de primera calidad	300 Has.
Terrenos para guayules, de segunda calidad	500 Has.
Terrenos para henequén	300 Has.
En terrenos eriazos en el norte de la República (Coahuila, Chihuahua, Durango, norte de Zacatecas y norte de San Luis Potosí)	1500 Has.

Artículo VI. Se declaran de propiedad nacional los predios rústicos de los enemigos de la revolución.

Son enemigos de la revolución, para los efectos de la presente ley:

A. Los individuos que, bajo el régimen de Porfirio Díaz, formaron parte del grupo de políticos financieros que la opinión pública designó con el nombre de partido científico.

B. Los gobernadores y demás funcionarios de los Estados, que durante las administraciones de Porfirio Díaz, Victoriano Huerta y Venustiano Carranza, adquirieron propiedades por medios fraudulentos o inmorales, abusando de su posición oficial, apelando a la violencia o saqueando el tesoro público.

C. Los políticos, empleados públicos y hombres de negocios que sin haber pertenecido al partido científico formaron fortuna, valiéndose de procedimientos delictuosos, o al amparo de concesiones notoriamente gravosas al país.

D. Los autores y cómplices del cuartelazo de la Ciudadela.

E. Los individuos que en la administración de Victoriano Huerta o de Venustiano Carranza desempeñaron puestos públicos de carácter político.

F. Los altos miembros del clero que ayudaron al sostenimiento del usurpador Huerta, por medios financieros o de propaganda entre los fieles.

G. Los que directa o indirectamente ayudaron a los gobiernos dictatoriales de Díaz, de Huerta y de Carranza, en su lucha contra la misma revolución. Quedan incluidos en este inciso, todos los que proporcionaron a dichos gobiernos fondos o subsidios de guerra, sostuvieron o subvencionaron periódicos para combatir a la revolución, hostilizaron o denunciaron a los sostenedores de la misma, hayan hecho obra de división entre los elementos revolucionarios, o de cualquiera otra manera hayan entrado en complicidad con los gobiernos que combatieron a la causa revolucionaria.

Artículo VII. Los terrenos que excedan de la extensión de que se hace mención en el artículo V serán expropiados por causa de utilidad pública, mediante la debida indemnización, calculada ésta conforme al censo fiscal de 1914, y en el tiempo y forma que el gobierno disponga.

Artículo VIII. La Secretaría de Agricultura y Colonización, nombrará comisiones que en los diversos Estados de la República y previa información del caso, califiquen quienes son las personas que conforme al artículo VI, deben ser consideradas como enemigas de la revolución, y sujetas, por lo mismo, a la referida pena de confiscación, la cual se aplicará desde luego.

Artículo IX. Las decisiones dictadas por las comisiones de que se ha hecho mérito, quedan sujetas al fallo definitivo que dicten los tribunales especiales de tierras que conforme con lo dispuesto por el artículo VI del Plan de Ayala, deben instituirse y cuya organización será materia de otra ley.

Artículo X. La superficie total de tierras que se obtengan en virtud de la confiscación decretada contra los enemigos de la revolución, y de la expropiación que debe hacerse de las fracciones o porciones de predios que excedan del máximo señalado en el artículo V se dividirá en lotes que serán repartidos entre los mexicanos que lo soliciten, dándose la preferencia en todo caso, a los campesinos. Cada lote tendrá una extensión que permita satisfacer las necesidades de una familia.

Artículo XI. Para proceder al fraccionamiento en lotes o parcelas de los ejidos o terrenos comunales, es preciso que lo soliciten los pueblos o comunidades.

Previo al requisito anterior, los ejidos o terrenos comunales serán divididos en lotes iguales en extensión o producción entre el número de labradores que no tengan tierras de cultivo, del pueblo o comunidad.

Los pueblos que prefieran el sistema comunal pueden continuar con él.

Artículo XII. A los actuales aparceros o arrendatarios de pequeños predios se les adjudicarán éstos en propiedad, con absoluta preferencia a cualquier otro solicitante, siempre que esas propiedades no excedan de la extensión que cada lote debe tener conforme a lo dispuesto por el artículo anterior.

Artículo XIII. Los predios rústicos que hayan sido adjudicados conforme a la ley de 1856 o subsecuentes, quedarán en posesión de sus primeros propietarios o adjudicatarios o de sus herederos, cuando cumplan los requisitos siguientes:

A. Que el pueblo cuente además de sus terrenos de común repartimiento, con terrenos de haciendas contiguas que sean suficientes para distribuirlos entre los labradores del lugar que no tengan tierras que cultivar.

B. Que los terrenos adjudicados no tengan una superficie mayor de cincuenta hectáreas.

Cuando no concurran los requisitos anotados y que el pueblo carezca de terrenos para distribuirlos entre los labradores que los necesiten, entonces los primeros adjudicatarios o sus herederos solo podrán conservar hasta quince hectáreas por familia, a efecto de que el terreno sobrante se fraccione en parcelas entre los labradores que carezcan de tierra para cultivo.

Por ese terreno sobrante de que se hace mención en el párrafo anterior, serán indemnizados sus propietarios conforme al artículo séptimo de esta ley.

Artículo XIV. Cuando los terrenos adjudicados conforme a la ley de 1856 o subsecuentes, hayan pasado a poder de otras personas por compra o permuta efectuadas en forma legítima y sin que haya mediado agio ni maniobra alguna fraudulenta, quedarán los adquirientes en posesión de sus propiedades si se cumplen los requisitos A y B de que se hace mención en el artículo anterior; pero cuando eso no sea y el pueblo carezca de tierras para distribuirlas entre los que no las tengan de los labradores del lugar, en ese caso solo podrán conservar hasta treinta hectáreas por familia, a efecto de que el terreno sobrante sea fraccionado en parcelas entre los que carezcan de tierra para el cultivo.

Por ese terreno sobrante de que se hace mención en el párrafo anterior, se indemnizará a sus propietarios conforme al artículo VII de esta ley.

Artículo XV. A efecto de fijar la superficie que deben tener los lotes expresados, la Secretaría de Agricultura y Colonización nombrará comisiones técnicas integradas por ingenieros, que localizarán y deslindarán debidamente dichos terrenos, respetando en todo caso los terrenos pertenecientes a los pueblos o rancherías y aquellos que estén exentos de expropiación, conforme al artículo V.

Artículo XVI. Los pueblos que carezcan de ejidos, les serán formados a expensas de los ejidos colindantes o de las grandes propiedades cercanas.

Los ejidos serán formados de acuerdo con el número de labradores de cada pueblo y sus necesidades.

Artículo XVII. Los pueblos que tengan ejidos insuficientes a sus necesidades, les serán ensanchados a expensas de los ejidos colindantes o de las grandes propiedades cercanas.

Artículo XVIII. Las propiedades que no excedan del máximo que fija el artículo V serán expropiadas solamente cuando los pueblos colindantes carezcan de ejidos, o los que tienen sean insuficientes y que para ensancharlos, no haya otros terrenos de que disponer: tales como grandes fundos o grandes ejidos de pueblos colindantes.

Artículo XIX. Los terrenos, montes y aguas de que están dotados los ejidos, deberán ser aprovechados por los pueblos, poblados, cuadrillas o ranchos que se hallen a la jurisdicción de cada ejido, en proporción a sus necesidades.

Artículo XX. Al efectuar sus trabajos de deslinde y fraccionamiento, las expresadas comisiones decidirán acerca de las reclamaciones que ante ellas hagan los pequeños propietarios que se consideren despojados en virtud de contratos usurarios por abuso o complicidad de los caciques, o por invasiones o usurpaciones cometidas por grandes terratenientes. Las designaciones que por tal concepto se dicten, serán revisadas por los tribunales especiales de tierras, que menciona el artículo IX.

Artículo XXI. Los predios que el gobierno ceda a comunidades o individuos, así como los lotes de la subdivisión de los ejidos o terrenos comunales, no serán enajenados ni pueden gravarse o arrendarse en forma alguna, siendo nulos todos los contratos que tiendan a contrariar esta disposición.

Artículo XXII. Solo por herencia legítima de padres a hijos, pueden transmitirse los derechos de propiedad de los terrenos fraccionados o cedidos por el gobierno a los agricultores.

En los casos que faltare sucesión, los lotes que queden vacantes serán cedidos a las familias de labradores que carezcan de ellos.

Artículo XXIII. Las personas a quienes se les adjudiquen lotes en virtud del reparto de tierras a que se refieren los artículos X, XII Y XV de la presente ley, quedarán sujetas a las obligaciones y previsiones que consigna el artículo siguiente.

Artículo XXIV. El propietario de un lote queda obligado a cultivarlo debidamente, y si durante dos años consecutivos abandonare ese cultivo sin causa justificada, será privado de su lote el cual se aplicará al que lo solicite y que carezca de él.

Artículo XXV. A efecto de que la ejecución de esta ley sea lo más rápida y adecuada, se concede al Ministerio de Agricultura y Colonización, la potestad exclusiva de implantar los principios agrarios consignados en la misma, y de conocer y resolver en todos los asuntos del ramo, sin que esta disposición entrañe un ataque a la soberanía de los Estados, pues únicamente se persigue la realización pronta de los ideales de la revolución, en cuanto al mejoramiento de los agricultores desheredados de la República.

Artículo XXVI. Los propietarios de dos o más lotes podrán unirse para formar sociedades cooperativas, con el objeto de explotar sus propiedades o vender en común los productos de éstas, pero sin que esas asociaciones puedan revestir la forma de sociedades por acciones, ni constituirse entre personas que no estén dedicadas directa y exclusivamente al cultivo de los lotes. Las sociedades que se formen en contravención de lo dispuesto en este artículo, serán nulas de pleno derecho, y habrá acción popular para denunciarlas.

Artículo XXVII. El gobierno federal expedirá leyes que reglamenten la constitución y funcionamiento de las referidas sociedades cooperativas.

Artículo XXVIII. La fundación, administración o inspección de colonias agrícolas, cualquiera que sea la naturaleza de éstas, así como el reclutamiento de colonos, es de la exclusiva competencia del Ministerio de Agricultura y Colonización.

Artículo XXIX. Se autoriza al Ministerio de Agricultura y Colonización para fundar una inspección técnica ejecutora de trabajos que se denominará Servicio de Irrigación y Construcciones que dependerá de dicho Ministerio.

Artículo XXX. Para su debida conservación, se declaran de propiedad nacional los montes de la República y su inspección será hecha por el Ministerio de Agricultura en la forma Que la reglamente. Se exceptúan los montes que pertenecen a los pueblos, quienes los explotarán usando el sistema comunal.

Artículo XXXI. Para llevar a efecto la irrigación de la República, y para que sean distribuidas entre los pueblos se declaran de propiedad nacional todas las aguas utilizables y utilizadas para cualquier uso, aun las que eran consideradas como de jurisdicción de los Estados, sin que haya lugar a indemnización de ninguna especie. Se exceptúan por supuesto las aguas que conforme a sus títulos primordiales sean propiedad de los pueblos, rancherías o congregaciones.

Artículo XXXII. Todos los pueblos de la República tienen el derecho para aprovechar las aguas que necesiten para los trabajos agrícolas, sin tener en cuenta que carezcan de la titulación antigua que acredite la propiedad de las mismas.

Artículo XXXIII. En todo aprovechamiento de aguas se dará siempre preferencia a las exigencias de la agricultura, y solo cuando éstas estén satisfechas, se aprovecharán en fuerzas u otros usos.

Artículo XXXIV. Es de la exclusiva competencia del Ministerio de Agricultura y Colonización, expedir reglamentos sobre el uso de las aguas.

Artículo XXXV. Se autoriza al Ministerio de Agricultura y Colonización, para que de acuerdo con la reglamentación especial que forme, establezca un Banco Agrícola Nacional.

Artículo XXXVI. Es de la exclusiva competencia del Ministerio de Agricultura y Colonización administrar la institución bancaria de que se hace mención en el artículo anterior de acuerdo con las bases administrativas que establezca el citado Ministerio.

Artículo XXXVII. La tercera parte de los bienes urbanos nacionalizados, de las obras materiales de las fincas rústicas o fábricas de cualquier género, nacionalizadas, incluyendo muebles, maquinarias y todos los objetos que contengan, será destinada para formar el capital del Banco Agrícola Nacional, a que se refiere el artículo XXXV.

Las dos terceras partes restantes de los bienes mencionados, se destinarán para indemnizaciones de guerra y pago de pensiones a viudas y huérfanos de las víctimas que sucumban en la lucha por el Plan de Ayala, y el sobrante si lo hay, se invertirá en el fomento del Banco Agrícola Nacional.

Artículo XXXVIII. Se autoriza al Ministerio de Agricultura y Colonización, para establecer en la República escuelas regionales agrícolas, forestales y estaciones experimentales.

Artículo XXXIX. El valor fiscal actualmente asignado a la propiedad, en nada perjudica a las futuras evaluaciones que el fisco tiene derecho a hacer como base para los impuestos, que en lo sucesivo grave la propiedad.

Artículo XL. Para el pago de indemnizaciones de las propiedades expropiadas, a que se refiere el artículo V, se creará una deuda agraria nacional, amortizable en el número de años que fije el gobierno constitucional.

Artículo XLI. El Ministerio de Agricultura y Colonización, expedirá todos los reglamentos que sean necesarios para la debida aplicación y ejecución de la presente ley.

Artículo XLII. Se declaran insubsistentes todas las concesiones otorgadas en contratos celebrados por la Secretaría de Fomento, que se relacionan con el ramo de agricultura, o por ésta, en el tiempo que existió hasta el 31 de diciembre de 1914 y durante la administración de Venustiano Carranza, quedando al arbitrio del Ministerio de Agricultura y Colonización revalidar las que juzgue benéficas para el pueblo y el gobierno, después de revisión minuciosa y concienzuda.

Artículo XLIII. De conformidad con el decreto de 12 de octubre de 1914, se declaran en plena nulidad todos los contratos relativos a la ejecución de bienes pertenecientes a los enemigos de la revolución.

Cuartel General en Tlaltizapán, julio 5 de 1917.

El General en Jefe,

Ley de los derechos y obligaciones de los pueblos y de la fuerza armada

El C. General Emiliano Zapata, Jefe supremo de la revolución, a los habitantes de la República hago saber:

Considerando: Que este Cuartel General estima como uno de sus más altos deberes, el de velar con todo celo por el cumplimiento de las promesas revolucionarias y volver al buen camino a aquellos jefes que parecen haber olvidado los compromisos que ante la nación entera, tienen solemnemente contraídos, no solo a efecto de sostener y llevar al triunfo los principios agrarios que son el alma y la finalidad suprema de la revolución, sino también para otorgar a los vecinos de los pueblos las más amplias garantías.

Considerando: Que por su parte, los ciudadanos no combatientes deben allanarse a cumplir sus respectivas obligaciones, y en especial, el deber que tienen de auxiliar a las fuerzas revolucionarias con los elementos de vida que les sean indispensables, toda vez que en la actualidad no reciben haberes dichas fuerzas; que por todo esto, es preciso recordar sus deberes a unos y a otros, máxime si se tiene en cuenta que la revolución para hacer obra duradera, necesita dominar, no solo con la fuerza de las carabinas, sino también con la persuasión llevada a todas las conciencias y que urge demostrar con hechos, que ha acabado la era de los abusos y que los revolucionarios saben respetar los derechos del pueblo.

Por todas estas consideraciones, he creído conveniente puntualizar y reunir en una sola ley, todos los preceptos sancionados por la costumbre o por disposición de este Cuartel General, acerca de los derechos y obligaciones recíprocas de los pueblos y de la fuerza armada, y en tal virtud, decreto lo siguiente:

Capítulo I. Derechos de los pueblos

Artículo primero. Los pueblos tienen derecho:

I. A elegir libremente sus autoridades municipales, judiciales y de cualquiera otra clase, y a exigir que éstas sean respetadas por militares y civiles.

II. A exigir que los jefes, oficiales y tropa, no intervengan en asuntos del orden civil y mucho menos en cuestiones de tierras, montes o aguas, pues todos estos negocios son de la exclusiva competencia de las autoridades civiles.

III. A organizar sus rondas y veintenas y armarlas, para garantizar los derechos del vecindario y transeúntes.

IV. A exigir de la fuerza armada amplias garantías para las personas, familias y propiedades de los vecinos y transeúntes, para este efecto siempre que las circunstancias lo permitan, la autoridad municipal deberá ante todo acudir al jefe de la fuerza de que se trate, para que éste corrija los desmanes de sus soldados y los reduzca al orden, a fin de evitar conflictos con el pueblo.

Artículo segundo. Los habitantes de cada población tienen derecho a adquirir y poseer armas para defender sus personas, familias y propiedades, contra los ataques o atentados que cometan o pretendan cometer los militares o gente armada.

Por lo mismo están ampliamente facultados para hacer uso de sus armas, contra cualquier hombre o grupo de hombres que asalten sus hogares, atenten contra el honor de sus familias o intenten cometer robos o atropellos de cualquier clase contra sus personas.

Artículo tercero. Los presidentes municipales tendrán además de las atribuciones que les señalan las leyes vigentes, los siguientes derechos y obligaciones:

I. Podrán aprehender, desarmar y remitir al Cuartel General de la revolución, con las seguridades debidas, y a fin de que se les aplique el merecido castigo, a todos aquellos individuos a quienes se sorprenda robando, allanando o saqueando algún domicilio, o cometiendo cualquier otro delito; e igualmente procederán en esa forma, contra los que hubieren llevado a cabo alguno de esos actos aun cuando no sean sorprendidos en el momento de ejecutarlos.

II. Podrán desarmar, aprehender y remitir a este mismo Cuartel General a todo jefe, oficial o soldado que pase por el pueblo respectivo o permanezca en él armado, y no acredite hallarse desempeñando alguna comisión del servicio, dirigirse al desempeño de ella o hallarse autorizado por el Cuartel General para permanecer en la población; en el concepto de que las armas que se recojan quedarán en poder de las autoridades municipales para el servicio, entre tanto se dispone otra cosa por la superioridad a la que se dará cuenta en cada caso sobre el particular; si la persona aprehendida es conocida, y no se hace sospechosa, se le pondrá en libertad, pero sin entregarle las armas. En cuanto a los individuos sospechosos, serán remitidos al Cuartel General.

III. Tendrán derecho a exigir que por su conducto se haga siempre el reparto de alimentos entre las tropas y la distribución de forrajes para cabalgaduras, de conformidad con lo dispuesto en el artículo siguiente.

IV. Darán cuenta al Cuartel General, diariamente, por la vía más rápida, de las novedades que ocurran en su jurisdicción.

Capítulo II. Obligaciones de los pueblos

Artículo IV. Los vecinos de los pueblos tendrán las siguientes obligaciones:

I. Prestar sus servicios en las rondas y veintenas.

II. Reunirse en las Casas Consistoriales, a la señal convenida, a fin de dar auxilio:

A. A la autoridad municipal respectiva.

B. Al Cuartel General de la revolución.

C. A algún jefe militar, en casos extremos, para combatir al enemigo.

III. Prestar servicios como correos o guías en la forma acostumbrada o sea por cordillera. En los casos urgentes y cuando el servicio de campaña así lo exija, los vecinos servirán también como propio, o como guías, para llevar correspondencia o conducir alguna fuerza armada, hasta el punto que se les señale.

IV. Trabajar como Tlacualeros, para llevar alimentos y forrajes a las tropas que están batiéndose con el enemigo y mientras dure el combate o las hostilidades.

V. Prestar servicios para la translación de heridos, inhumación de cadáveres, u otros trabajos semejantes, que estén íntimamente ligados con el interés de la causa que se defiende.

VI. Proporcionar alimentos, alojamiento y forrajes a las tropas, correos y comisiones, que pasen por la población, por conducto de la autoridad municipal y conforme a los usos establecidos y a las circulares de este Cuartel General.

VII. Proporcionar en igual forma, alimentos, alojamiento y forrajes a las fuerzas que están de guarnición en aquellos pueblos inmediatos a la zona enemiga, siempre que este Cuartel General autorice expresamente la existencia de las guarniciones respectivas, por ser enteramente necesarias para las operaciones militares. En este caso el mismo Cuartel General, oyendo a los jefes de la región, designará qué poblaciones de las cercanías deben contribuir al sostenimiento de la guarnición a más del pueblo en que ésta se halle establecida.

VIII. Pagar las contribuciones que conforme a las leyes impongan las autoridades municipales, o el gobierno federal y el del Estado, cuando lleguen a establecerse.

IX. Proporcionar conforme a las leyes de la materia, a los revolucionarios que operen en la comarca, las tierras necesarias para su subsistencia, en igual proporción que a los pacíficos, y sin preferencia de ninguna clase sobre éstos. Este precepto regirá provisionalmente o sea mientras pueda hacerse el reparto definitivo por el Ministerio de Agricultura.

X. Los vecinos de los pueblos y en general, los habitantes de la zona revolucionaria, sean combatientes o pacíficos, no podrán introducir en ningún caso a la zona enemiga ganado ni artículos de primera necesidad, como maíz, harina, frijol, etc. Los que violen este precepto, serán sometidos a un Consejo de Guerra, si son militares.

XI. Dedicarse a un trabajo licito que les permita subsistir honradamente, pues uno de los ideales de la revolución es suprimir la vagancia.

Capítulo III. Derechos de la fuerza armada

Artículo V. Las tropas que transiten o pasen por una población, tendrán derecho a recibir de los pueblos, precisamente por conducto de la autoridad municipal, alojamiento, alimento y forrajes, de conformidad con lo dispuesto en el artículo cuarto.

Artículo VI. Las tropas que, con permiso del Cuartel General, estén de guarnición en alguna plaza, recibirán alojamiento, alimentos y forrajes, con arreglo a lo preceptuado en el inciso VII del mismo artículo cuarto.

Artículo VII. Los jefes, oficiales y soldados, que observen que alguna autoridad viola los principios del Plan de Ayala o falte a sus deberes, tendrán derecho a acudir en queja ante el Cuartel General.

Capítulo IV. Obligaciones de la fuerza armada

Artículo VIII. Serán obligaciones de la fuerza armada:

I. Hacer que los pueblos que no hayan nombrado sus autoridades municipales y judiciales, procedan inmediatamente a la libre elección de las mismas, o sea sin la menor intervención de los armados, los cuales bajo la responsabilidad de su jefe respectivo, dejarán a los vecinos obrar sin presión alguna.

II. Guardar el respeto debido a las autoridades civiles.

III. No intervenir en las funciones de esa autoridad, a la que dejarán obrar libremente.

IV. Dar toda clase de garantías a las poblaciones.

V. Respetar el libre tráfico de las mercancías y la libertad del comercio, menos en el caso de que se trate de introducción de artículos de primera necesidad a la zona enemiga, los que violen este precepto serán sometidos a un Consejo de Guerra.

VI. Respetar los repartos de tierras, montes y aguas, efectuados por los pueblos o sus autoridades.

VII. Respetar los reglamentos o costumbres de los pueblos en materia de reparto de aguas, y sujetarse a ellos.

VIII. No cobrar rentas a los vecinos, bajo ninguna forma ni pretexto por el cultivo de sus tierras o por el uso de sus aguas. Los infractores serán juzgados por un Consejo de Guerra, que les impondrá cualquiera de las siguientes penas: amonestación pública o privada, destitución y separación del Ejército libertador o multa de cien a mil pesos o arresto de uno a once meses, según la gravedad o circunstancia del caso.

IX. No apoderarse de las tierras de los pueblos o las que formaron parte de las antiguas haciendas, pues cada individuo armado, sea o no jefe, solo tendrá derecho al lote que le toque en el reparto de que habla el artículo cuarto en su inciso IX. Un Consejo de Guerra juzgará a los contraventores, y les aplicará cualquiera de las penas a que se refiere el inciso anterior.

X. Cumplir en todo y por preceptos del Plan de Ayala; la ley agraria y los decretos, circulares y órdenes de esta Cuartel General.

XI. No exigir a los vecinos servicios personales o trabajos en su beneficio particular, ni tratándose de asuntos meramente particulares o privados.

XII. Remitir al Cuartel General a sus subordinados que cometan cualquier delito, o entregarlos a los jueces que los pidan para su castigo.

Artículo IX. Conforme a lo dispuesto en el artículo anterior, los jefes, oficiales y tropa, respetarán la libre administración de justicia por parte de las autoridades civiles y se abstendrán de intervenir en toda clase de procesos, juicios civiles o penales, testamentarías o intestados.

Artículo X. Cada jefe será responsable ante este Cuartel General de los abusos o delitos que cometan sus subordinados, si no los entregan a los jueces respectivos que los pidan, o no los remiten a este Cuartel General para su castigo.

Artículo XI. Dedicarse preferentemente a batir al enemigo, haciendo a un lado dificultades personales, que existen entre jefes, oficiales y soldados, que en todo caso solucionarán de una manera prudente.

Artículo transitorio

Las disposiciones relativas a víveres, forrajes o alojamiento de tropas revolucionarias, regirá únicamente, entre tanto puede el Cuartel General pagar a aquéllas sus haberes respectivos. A este efecto, el Cuartel General pasará una circular a los pueblos anunciándoles que cesa su expresada obligación.

Por lo tanto, mando se publique, circule y se le dé el debido cumplimiento.

Reforma, Libertad, Justicia y Ley.

Cuartel General en Tlaltizapán, Morelos, a cinco de marzo de 1918.

El General en Jefe,

Decreto de aceptación a excarrancistas

Emiliano Zapata, General en Jefe del Ejército libertador, a los habitantes de la República hago saber:

Considerando que la traición cometida por Carranza contra la causa revolucionaria, ha quedado de tal manera al descubierto, que hasta sus mismos partidarios han tenido que reconocer su falsía; por lo que en diversos lugares del país se han estado sucediendo sublevaciones y levantamientos contra el llamado gobierno carrancista.

Considerando que la habilidad de Carranza para mantener en el engaño a sus simpatizadores, fue excesiva y llevada a un extremo tal, que produjo una honda y lamentable división entre los revolucionarios de la República; parte de los cuales se mantuvieron al lado de ese hombre nefasto, en tanto que los otros hemos estado luchando por su derrocamiento.

Considerando que hay que tener en cuenta estas circunstancias para comprender que muchos de los partidarios de Carranza, han sido víctimas de la perfidia de éste; razón por la cual debe considerárseles como revolucionarios equivocados, que tienen derecho a reconocer su error y a ser admitidos nuevamente en las filas de la revolución, de la que temporalmente se alejaron.

Considerando que las numerosas y recientes gestiones hechas ante este Cuartel General, por diversos jefes y oficiales pertenecientes al ejército, están expresando a las claras que el deseo de la unificación es general y unánime entre los revolucionarios de todos los matices; como que ese anhelo ha llegado a convertirse en una necesidad nacional, en una aspiración profundamente sentida por todo el pueblo mexicano.

Considerando que en este punto como en los demás, el instinto popular tiene razón; pues nadie duda que es un deber procurar, por todos los medios honrados, la pronta terminación de la presente lucha armada, en bien de la República entera, cuyos hijos y cuyos intereses han sido profundamente lesionados por una guerra tan prolongada como sangrienta.

Considerando que la necesidad del restablecimiento del orden por medio del triunfo revolucionario, se deja también sentir por causa de poderosos e ingentes motivos de orden internacional; pues a nadie se escapa que la prolongación de nuestras contiendas intestinas, estimula y favorece las ambiciones de los capitalistas extranjeros, pues solo esperan una oportunidad para empujar a sus gobiernos a que se arrojen sobre nosotros, aprovechándose de nuestra discordia y de nuestro agotamiento.

Considerando que por todas estas razones, y por otras muchas más, de orden económico y financiero, es preciso llegar cuanto antes al anhelado fin de la unificación revolucionaria, para lo cual es preciso adoptar sin vacilaciones, una franca y honrada política de atracción, de fraternidad y de concordia, que reúna en un solo núcleo a todos los revolucionarios de buena fe, que sinceramente deseen el bienestar y progreso de la República.

Considerando que por otra parte, este acercamiento y esta fraternización de todos los verdaderos revolucionarios, son cada vez más urgentes para desbaratar los planes e intrigas de la reacción en cuyo interés está que permanezcamos divididos y en pugna perpetua los unos contra los otros.

Considerando que en estas condiciones y habiendo ya empezado el derrumbamiento del carrancismo, se hace preciso preparar el advenimiento de un nuevo orden de cosas, ampliamente liberal y generoso, sin exclusivismos, sin rencores, sin resentimientos, basado en el mutuo y recíproco olvido de todas las diferencias que en lo pasado hayan dividido a los revolucionarios.

Por estas diversas consideraciones, he creído necesario expedir el decreto que sigue:

Artículo primero. El Ejército libertador, declara que aceptará en sus filas como compañeros de armas y reconociéndoles sus grados respectivos, a todos los jefes, oficiales y soldados pertenecientes al ejército carrancista, que estén dispuestos a volver al seno de la revolución.

Artículo segundo. Con este carácter de compañeros y sobre la base del total olvido de lo pasado, serán admitidos, tanto los militares que desde un principio han servido al carrancismo, como los que por cualquiera circunstancia se hayan pasado a sus filas, en época remota o reciente, y hayan reconocido a la fecha su error.

Artículo tercero. La revolución otorgará también amplias garantías y aceptará como colaboradores, a los revolucionarios civiles que se hallen comprendidos en los casos que para los militares prevé el artículo anterior, y que deseen prestar sus servicios a la causa que defendemos.

Artículo cuarto. Quedan expresamente derogadas todas las disposiciones anteriores que se opongan al presente decreto.

Por lo tanto mando se imprima, publique, circule y se le dé el debido cumplimiento.

Reforma, Libertad, Justicia y Ley.

Cuartel General en Tlaltizapán, Morelos, a 24 de marzo de 1918.

El General en Jefe del Ejército libertador,

Ley agraria

Decretada por la Soberana Convención Revolucionaria

El Consejo Ejecutivo, en uso de las facultades de que se halla investido, a los habitantes de la República mexicana, hace saber:

Considerando: que en el Plan de Ayala, se encuentran condensados los anhelos del pueblo levantado en armas, especialmente en lo relativo a las reivindicaciones agrarias, razón intima y finalidad suprema de la revolución; por lo que es de precisa urgencia reglamentar debidamente los principios consignados en dicho Plan, en forma tal que puedan desde luego llevarse a la práctica, como leyes generales de inmediata aplicación.

Considerando: que habiendo el pueblo manifestado de diversas maneras su voluntad de destruir de raíz y para siempre el injusto monopolio de la tierra para realizar un estado social que garantice plenamente el derecho natural que todo hombre tiene sobre la extensión de tierra necesaria a su propia subsistencia y a la de su familia, es un deber de las autoridades revolucionarias acatar esa voluntad popular, expidiendo todas aquellas leyes que, como la presente, satisfagan plenamente esas legítimas aspiraciones del pueblo.

Considerando: que no pocas autoridades, lejos de cumplir con el sagrado deber de hacer obra revolucionaria que impone el ejercicio de cualquier cargo público en los tiempos presentes, dando con ello pruebas de no estar identificadas con la revolución, se rehúsan a secundar los pasos dados para obtener la emancipación económica y social del pueblo, haciendo causa común con los reaccionarios, terratenientes y demás explotadores de las clases trabajadoras; por lo que se hace necesario, para definir actitudes, que el gobierno declare terminantemente que considerará como desafectos a la causa y les exigirá responsabilidades, a todas aquellas autoridades que, olvidando su carácter de órganos de la revolución, no coadyuven eficazmente al triunfo de los ideales de la misma.

Por las consideraciones que anteceden, y en atención a que el Consejo ejecutivo es la autoridad suprema de la revolución, por no estar en funciones actualmente la Soberana Convención Revolucionaria, decreta:

Artículo 1.° Se restituye a las comunidades e individuos los terrenos, montes y aguas de que fueron despojados, bastando que aquellos posean los títulos de fecha anterior al año de 1856, para que entren inmediatamente en posesión de sus propiedades.

Artículo 2.° Los individuos o agrupaciones que se crean con derecho a las propiedades reivindicadas de que habla el artículo anterior, deberán aducirlo ante las comisiones designadas por el Ministerio de Agricultura y dentro del año siguiente a la fecha de la reivindicación y con sujeción al reglamento respectivo.

Artículo 3.° La nación reconoce el derecho tradicional e histórico que tienen los pueblos, rancherías y comunidades de la República, a poseer y administrar sus terrenos de común repartimiento, y sus ejidos, en la forma que juzguen conveniente.

Artículo 4.° La nación reconoce el derecho indiscutible que asiste a todo mexicano para poseer y cultivar una extensión de terreno, cuyos productos le permitan cubrir sus necesidades y las de sus familias; en consecuencia, y para el efecto de crear la pequeña propiedad, serán expropiados por causa de utilidad pública y mediante la correspondiente indemnización, todas las tierras del país, con la sola excepción de los terrenos pertenecientes a los pueblos, rancherías y comunidades, y de aquellos predios que, por no exceder del máximum que fija esta ley deben permanecer en poder de sus actuales propietarios.

Artículo 5.° Los propietarios que no sean enemigos de la revolución, conservarán como terrenos no expropiables, porciones que no excedan de la superficie que, como máximo, fija el cuadro siguiente:

Clima caliente, tierras de primera calidad y riego	100 Hs.
Clima caliente, tierras de primera calidad y de temporal	140 Hs.
Clima caliente, tierras de segunda calidad y de riego	120 Hs.
Clima caliente, tierras de segunda calidad y de temporal	180 Hs.
Clima templado, tierras de primera calidad y de riego	120 Hs.
Clima templado, tierras de primera calidad y de temporal	160 Hs.
Clima templado, tierras de primera calidad y de temporal	200 Hs.
Clima templado, tierras pobres y de riego	140 Hs.
Clima frío, tierras de primera calidad y de riego	140 Hs.
Clima frío, tierras de primera calidad y de temporal	180 Hs.
Clima frío, tierras pobres y de riego	180 Hs.
Clima frío, tierras pobres y de temporal	220 Hs.
Terrenos de pastos ricos	500 Hs.
Terrenos de pastos pobres	1000 Hs.

Terrenos de guayule ricos	300 Hs.
Terrenos de guayule pobres	500 Hs.
Terrenos henequeneros	300 Hs.
En terreno eriazo del norte de la República, Coahuila, Chihuahua, Ourango, norte de Zacatecas y norte de San Luis Potosí	1500 Hs.

Artículo 6.° Se declaran de propiedad nacional los predios rústicos de los enemigos de la revolución.

Son enemigos de la revolución, para los efectos de la presente ley:

A. Los individuos que, bajo el régimen de Porfirio Díaz, formaron parte del grupo de políticos y financieros que la opinión pública designó con el nombre de Partido Científico.

B. Los gobernadores y demás funcionarios de los Estados que, durante las administraciones de Porfirio Díaz y de Victoriano Huerta, adquirieron propiedades por medios fraudulentos o inmorales, abusando de su posición oficial, apelando a la violencia o saqueando el tesoro público.

C. Los políticos, empleados públicos y hombres de negocios que, sin haber pertenecido al Partido Científico formaron fortunas, valiéndose de procedimientos delictuosos, o al amparo de concesiones notoriamente gravosas al país.

D. Los autores y cómplices del cuartelazo de la Ciudadela.

E. Los individuos que en la administración de Victoriano Huerta desempeñaron puestos públicos de carácter político.

F. Los altos miembros del clero que ayudaron al sostenimiento del usurpador Huerta, por medios financieros o de propaganda entre los fieles; y,

G. Los que directa o indirectamente ayudaron a los gobiernos dictatoriales de Díaz, de Huerta y demás gobiernos enemigos de la revolución, en su lucha contra la misma.

Quedan incluidos en este inciso todos los que proporcionaron a dichos gobiernos, fondos o subsidios de guerra, sostuvieron o subvencionaron periódicos para combatir a la revolución, hostilizaron o denunciaron a los sostenedores de la misma, hayan hecho obra de división entre los elementos revolucionarios, o que de cualquiera otra manera hayan entrado en complicidad con los gobiernos que combatieron a la causa revolucionaria.

Artículo 7.° Los terrenos que excedan de la extensión de que se hace mención en el artículo 5°, serán expropiados por causa de utilidad pública, mediante la debida indemnización, calculada conforme al censo fiscal de 1914, y en el tiempo y forma que el reglamento designe.

Artículo 8.° La Secretaria de Agricultura y Colonización nombrará comisiones qué, en los diversos Estados de la República, y previas las informaciones del caso, califiquen quienes son las personas que, conforme al artículo 6.° de esta Ley, deben ser consideradas como enemigas de la revolución, y sujetas, por lo mismo, a la referida pena de confiscación, la cual se aplicará desde luego.

Artículo 9.° Las decisiones dictadas por las comisiones de que se ha hecho mérito, quedan sujetas al fallo definitivo que dicten los tribunales especiales de tierras que conforme con lo dispuesto por el artículo 6.° del Plan de Ayala, deben instituirse, y cuya organización será materia de otra ley.

Artículo 10.° La superficie total de tierras que se obtenga en virtud de la confiscación decretada contra los enemigos de la causa revolucionaria, y de la expropiación que deba hacerse de las fracciones de predios que excedan del máximo señalado en el artículo 5.° de esta ley se dividirá en lotes que serán repartidos entre los mexicanos que lo soliciten, dándose la preferencia, en todo caso, a los campesinos. Cada lote tendrá una extensión tal que permita satisfacer las necesidades de una familia.

Artículo 11.° A los actuales aperceros o arrendatarios de pequeños predios se les adjudicarán éstos en propiedad, con absoluta preferencia a cualquier otro solicitante, siempre que esas propiedades no excedan de la extensión que cada lote debe tener conforme lo dispuesto por el artículo anterior.

Artículo 12.° A efectos de fijar la superficie que deben tener los lotes expresados, la Secretaria de Agricultura y Colonización nombrará comisiones técnicas integradas por ingenieros, que localizarán y deslindarán debidamente dichos lotes, respetando, en todo caso; los terrenos pertenecientes a los pueblos y aquellos que están exentos de expropiación conforme el artículo 5.° de esta ley.

Artículo 13.° Al efectuar sus trabajos de deslinde y fraccionamiento, las expresadas comisiones decidirán acerca de las reclamaciones que ante ellas hagan los pequeños propietarios que se consideran despojados en virtud de contratos usurarios, por abusos o complicidad de los caciques o por invasiones, o usurpaciones cometidas por los grandes terratenientes.

Las decisiones que por tal concepto se dicten, serán revisadas por los tribunales especiales de tierras, que menciona el artículo 9.° de esta ley.

Artículo 14.° Los predios que el gobierno ceda a comunidades o individuos, no son enajenables, ni pueden gravarse en forma alguna, siendo nulos todos los contratos que tiendan a contrariar esta disposición.

Artículo 15.° Solo por herencia legítima pueden transmitirse los derechos de propiedad de los terrenos fraccionados y cedidos por el gobierno a los agricultores.

Artículo 16.° A efecto de que la ejecución de esta ley sea lo más rápida y adecuada, se concede al Ministerio de Agricultura y Colonización, la potestad exclusiva de implantar los principios agrarios consignados en la misma, y de conocer y resolver en todos los asuntos del ramo, sin que esta disposición entrañe un ataque a la soberanía de los Estados, pues únicamente se persigue la realización pronta de los ideales de la revolución, en cuanto al mejoramiento de los agricultores desheredados de la República.

Artículo 17.° La fundación, administración e inspección de colonias agrícolas, cualquiera que sea la naturaleza de éstas, así como el reclutamiento de colonos, es de la exclusiva competencia del Ministerio de Agricultura y Colonización.

Artículo 18.° El Ministerio de Agricultura y Colonización, fundará una inspección técnica ejecutora de trabajos que se denominará Servicio Nacional de Irrigación y Construcciones que dependa del Ministerio citado.

Artículo 19.° Se declaran de propiedad nacional los montes, y su inspección se hará por el Ministerio de Agricultura en la forma en que la reglamente y serán explotados por los pueblos a cuya jurisdicción correspondan, empleando para ello el sistema comunal.

Artículo 20.° Se autoriza al Ministerio de Agricultura y Colonización, para establecer un Banco Agrícola mexicano de acuerdo con la reglamentación especial que forme el citado Ministerio.

Artículo 21.° Es de la exclusiva competencia del Ministerio de Agricultura y Colonización, administrar la institución bancaria de que habla el artículo anterior, de acuerdo con las bases administrativas que establezca el mismo Ministerio.

Artículo 22.° Para los efectos del artículo 20.° de esta ley, se autoriza al Ministerio de Agricultura y Colonización, para confiscar o nacionalizar las fincas urbanas, obras materiales de las fincas nacionales o expropiadas, o fábricas de cualquier género, incluyendo los muebles, maquinaria y todos los objetos que contengan, siempre que pertenezcan a los enemigos de la revolución.

Artículo 23.° Se declaran insubsistentes todas las concesiones otorgadas en contratos celebrados por la Secretaría de fomento, que se relacionen con el ramo de Agricultura, o por ésta, en el tiempo que existió, hasta el 31 de diciembre de 1914, quedando al arbitrio del Ministerio de Agricultura y Colonización, revalidar las que juzgue benéficas para el pueblo y el gobierno, después de revisión minuciosa y concienzuda.

Artículo 24.° Se autoriza al Ministerio de Agricultura y Colonización, para establecer en la República escuelas regionales agrícolas, forestales y estaciones experimentales.

Artículo 25.° Las personas a quienes se les adjudiquen lotes en virtud del reparto de tierras a que se refieren los artículos 10°, 11.° y 12.° de la presente ley, quedan sujetas a las obligaciones y prohibiciones que consigna el artículo siguiente.

Artículo 26.° El propietario de un lote está obligado a cultivarlo debidamente, y si durante dos años consecutivos abandonare ese cultivo sin causa justificada, será privado de su lote, el cual se aplicará a quien lo solicite.

Artículo 27.° El 20% del importe de las propiedades nacionalizadas de que habla el artículo 22.° de esta ley, se destinará para el pago de indemnizaciones de las propiedades expropiadas tomando como base el censo fiscal del año 1914.

Artículo 28.° Los propietarios de dos o más lotes podrán unirse para formar Sociedades Cooperativas, con el objeto de explotar sus propiedades o vender en común los productos de éstas, pero sin que esas asociaciones puedan revestir la forma de sociedades por acciones, ni constituirse entre personas que no estén dedicadas directa o exclusivamente al cultivo de los lotes. Las sociedades que se formen en contravención de lo dispuesto en este artículo serán nulas de pleno derecho, y habrá acción popular para denunciarlas.

Artículo 29.° El gobierno federal expedirá leyes que reglamenten la constitución y funcionamiento de las referidas sociedades cooperativas.

Artículo 30.° La Secretaría de Agricultura y Colonización expedirá todos los reglamentos que sean necesarios para la debida aplicación y ejecución de la presente ley.

Artículo 31.° El valor fiscal actualmente asignado a la propiedad, en nada perjudica las futuras evaluaciones que el fisco tendrá derecho a hacer como base para los impuestos, que en lo sucesivo graven la propiedad.

Artículo 32.° Se declaran de propiedad nacional todas las aguas utilizables y utilizadas para cualquier uso, aun las que eran consideradas como de jurisdicción de los Estados sin que haya lugar a indemnización de ninguna especie.

Artículo 33.° En todo aprovechamiento de aguas se dará siempre preferencia a las exigencias de la agricultura, y solo cuando éstas estén satisfechas se aprovecharán en fuerzas u otros usos.

Artículo 34.° Es de la exclusiva competencia del Ministerio de Agricultura y Colonización, expedir reglamentos sobre el uso de las aguas.

Artículo 35.° De conformidad con el decreto del 12 de octubre de 1914, se declaran de plena nulidad todos los contratos relativos a la enajenación de los bienes pertenecientes a los enemigos de la revolución.

Artículos transitorios

Primero. Quedan obligadas todas las autoridades municipales de la República a cumplir y hacer cumplir, sin pérdida de tiempo y sin excusa ni pretexto alguno, las disposiciones de la presente ley, debiendo poner desde luego a los pueblos e individuos en posesión de las tierras y demás bienes que, conforme a la misma ley, les correspondan, sin perjuicio de que en su oportunidad las Comisiones Agrarias que designe el Ministerio de Agricultura y Colonización, hagan las rectificaciones que procedan; en la inteligencia de que las expresadas autoridades que sean omisas o negligentes en el cumplimiento de su deber, serán consideradas como enemigas de la revolución y castigadas severamente.

Segundo. Se declara que la presente ley forma parte de las fundamentales de la República, siendo, por tanto, su observancia general y quedando derogadas todas aquellas leyes constitutivas o secundarias que de cualquier manera se opongan a ella.

Dado en el salón de actos del palacio municipal, a los veintidós días del mes de octubre de mil novecientos quince.

Por tanto, mandamos que se publique, circule y se le dé su debido cumplimiento.

Reforma, Libertad, Justicia y Ley.

Cuernavaca, Morelos, octubre 26 de 1915.

Manuel Palafox, Ministro de Agricultura y Colonización;

Otilio E. Montaño, Ministro de Instrucción Pública y Bellas Artes;

Luis Zubiria y Campa, Ministro de Hacienda y Crédito Público;

Jenaro Amezcua, Oficial Mayor, encargado de la Secretaria de Guerra;

Miguel Mendoza L. Schwertfegert, Ministro de Trabajo y Justicia.

Estados Unidos Mexicanos.

Consejo Ejecutivo.

Libros a la carta

A la carta es un servicio especializado para
  empresas,
  librerías,
  bibliotecas,
  editoriales
  y centros de enseñanza;

y permite confeccionar libros que, por su formato y concepción, sirven a los propósitos más específicos de estas instituciones.

Las empresas nos encargan ediciones personalizadas para marketing editorial o para regalos institucionales. Y los interesados solicitan, a título personal, ediciones antiguas, o no disponibles en el mercado; y las acompañan con notas y comentarios críticos.

Las ediciones tienen como apoyo un libro de estilo con todo tipo de referencias sobre los criterios de tratamiento tipográfico aplicados a nuestros libros que puede ser consultado en Linkgua-ediciones.com.

Linkgua edita por encargo diferentes versiones de una misma obra con distintos tratamientos ortotipográficos (actualizaciones de carácter divulgativo de un clásico, o versiones estrictamente fieles a la edición original de referencia).

Este servicio de ediciones a la carta le permitirá, si usted se dedica a la enseñanza, tener una forma de hacer pública su interpretación de un texto y, sobre una versión digitalizada «base», usted podrá introducir interpretaciones del texto fuente. Es un tópico que los profesores denuncien en clase los desmanes de una edición, o vayan comentando errores de interpretación de un texto y esta es una solución útil a esa necesidad del mundo académico.

Asimismo publicamos de manera sistemática, en un mismo catálogo, tesis doctorales y actas de congresos académicos, que son distribuidas a través de nuestra Web.

El servicio de «libros a la carta» funciona de dos formas.

1. Tenemos un fondo de libros digitalizados que usted puede personalizar en tiradas de al menos cinco ejemplares. Estas personalizaciones pueden ser de todo tipo: añadir notas de clase para uso de un grupo de estudiantes, introducir logos corporativos para uso con fines de marketing empresarial, etc. etc.

2. Buscamos libros descatalogados de otras editoriales y los reeditamos en tiradas cortas a petición de un cliente.

www.ingramcontent.com/pod-product-compliance
Lightning Source LLC
La Vergne TN
LVHW101923220826
846093LV00009B/343
9788411268110